## ***ACCESO GRATIS** a la Lectura en la Nube*

Para visualizar el libro electrónico en la nube de lectura envíe junto a su nombre y apellidos una fotografía del código de barras situado en la contraportada del libro y otra del ticket de compra a la dirección:

**ebooktirant@tirant.com**

En un máximo de 72 horas laborales le enviaremos el código de acceso con sus instrucciones.

La visualización del libro en **NUBE DE LECTURA** excluye los usos bibliotecarios y públicos que puedan poner el archivo electrónico a disposición de una comunidad de lectores. Se permite tan solo un uso individual y privado

# EL DILEMA DEL PRISIONERO EN LAS ELECCIONES SINALOENSES DE 2021

## Violencia, comportamiento electoral y políticas progresistas

Procedimiento de selección de originales, ver página web:
www.tirant.net/index.php/editorial/procedimiento-de-seleccion-de-originales

# EL DILEMA DEL PRISIONERO EN LAS ELECCIONES SINALOENSES DE 2021

## Violencia, comportamiento Electoral y Políticas Progresistas

ERNESTO HERNÁNDEZ NORZAGARAY

tirant lo blanch
Ciudad de México, 2024

En caso de erratas y actualizaciones, la Editorial Tirant lo Blanch México publicará la pertinente corrección en la página web www.tirant.com/mex/

Este libro será publicado y distribuido internacionalmente en todos los países donde la Editorial Tirant lo Blanch esté presente.



© EDITA: TIRANT LO BLANCH
DISTRIBUYE: TIRANT LO BLANCH MÉXICO
Av. Tamaulipas 150, Oficina 502
Hipódromo, Cuauhtémoc
CP 06100, Ciudad de México
Telf: +52 55 65502317
infomex@tirant.com
www.tirant.com/mex/
www.tirant.es
ISBN: 978-84-1056-748-1
ISBN de la Universidad Autónoma de Sinaloa: 978-607-737-469-5
MAQUETA: Disset Ediciones

Si tiene alguna queja o sugerencia, envíenos un mail a: atencioncliente@tirant.com. En caso de no ser atendida su sugerencia, por favor, lea en www.tirant.net/index.php/empresa/politicas-de-empresa nuestro procedimiento de quejas.

Responsabilidad Social Corporativa: http://www.tirant.net/Docs/RSCTirant.pdf

El crimen organizado ha permeado los gobiernos, los mandos militares y la economía en su conjunto, y opera en su interior. Hoy en día, los presidentes tienen menos fuerza que los directivos de las grandes corporaciones. No gobiernan los partidos, gobiernan las élites, los poderes fácticos, y el crimen organizado no es ajeno a las élites.

**Juan Villoro**

Discurso al recibir el reconocimiento
a la Excelencia Periodística del Premio Gabo
durante el 10º Festival Gabo.

Los gobernadores del Pacífico deberían estarse viendo en el espejo del exgobernador nayarita Roberto Sandoval.

**Germán Martínez**

Senador independiente del Grupo Plural.

# *Índice*

# *I. Introducción*

En este ensayo de investigación sobre las elecciones concurrentes de gobernador del estado de Sinaloa, diputados federales y locales, alcaldes, regidores y síndicos procuradores, celebradas el 6 de junio de 2021, nos proponemos analizarlas desde la perspectiva de las teorías clásicas de comportamiento electoral: el enfoque conductista y el económico o teoría de la elección racional.

Así, nos planteamos la siguiente hipótesis de trabajo: A medida que el actor criminal interviene abiertamente en los procesos electorales provoca una distorsión y la reducción de los incentivos para participar en una acción colectiva, como son en democracia las elecciones, y eso deriva en la pérdida de cuotas de legitimidad, ya que el debilitamiento de las instituciones de la democracia y el sistema de representación política modifican el comportamiento electoral de los ciudadanos, quienes oscilan entre cooperar o no cooperar con el sistema democrático, y aleja la posibilidad de diseño e instrumentación de políticas públicas progresistas.

Esto lleva a las siguientes preguntas de investigación: ¿El actor criminal es un actor principalísimo del sistema político sinaloense? ¿Cuáles fueron los frenos e incentivos que tuvieron los ciudadanos para participar en estos comicios concurrentes y elegir gobernador, diputados, alcaldes y síndicos procuradores? ¿Cómo queda después de las elecciones el mapa de la distribución del poder? ¿Los partidos y candidatos derrotados cuestionaron los resultados ante los tribunales competentes? ¿Cómo quedó la representación política y cómo podrían ser las próximas relaciones Ejecutivo-legislativo? Y, en definitiva, a manera de conclusión ¿cuáles deberían ser las políticas públicas en la agenda de un hipotético gobierno progresista?

Antes de entrar en materia habría que contextualizar la elección. Estas elecciones se celebraron bajo una atmósfera marcada por los efectos económicos y sociales que estaba dejando la pandemia de COVID-19[1] y en su momento fueron escasos los recursos públicos para atender la complejidad de problemas. No obstante, el entonces gobernador Quirino Ordaz Coppel, priista, estaba bien calificado[2] en las encuestas de percepción ciudadana y la marca electoral Morena también lo estaba entre los ciudadanos sinaloenses, lo que técnicamente era un escenario perfecto para tener unas elecciones de alta competitividad que devendría en un ambiente marcado por cierta incertidumbre democrática.

En medio de esta matriz problemática, el Congreso del Estado aprobó el decreto que expide la convocatoria de elecciones y llama a partidos y ciudadanos a participar en las elecciones concurrentes del 6 de junio, el cual entró en vigor el 15 de diciembre de 2020. El PRI armonizó estatalmente la coalición Va por México, teniendo como aliados a un PAN y un PRD que estaban en caída libre, al menos desde 2012. Las elecciones concurrentes de 2018 habían profundizado la caída en las preferencias electorales y, para muchos observadores políticos, el pronóstico era que estos partidos le aportarían poco a la coalición opositora.

Morena hizo lo propio con la coalición Juntos Hacemos Historia en la elección federal con el PT y el Verde y, localmente, en forma parcial con el Partido Sinaloense (PAS).

La primera coalición postuló para gobernador al senador Mario Zamora Gastélum, mientras la segunda al también senador Rubén Rocha Moya.

En los comicios federales de 2018, ambos candidatos habían disputado la fórmula de mayoría del Senado de la República y esta había quedado en manos de la coalición hegemonizada por Morena con un amplio margen de victoria, lo que de entrada plan-

---

1 Ernesto Hernández, *La tragedia del Covid-19 en Sinaloa. Análisis de las determinantes sociales de la pandemia, las estrategias estatales en salud y economía y sus resultados.*

2 Alejandro Moreno, "*¿Tu gobernador está aprobado o reprobado? Aquí te decimos*", *El Financiero.*

teaba un gran desafío al candidato de la coalición Va por Sinaloa y el mejor punto de partida para el candidato de la coalición Juntos Hacemos Historia. Aquello de inmediato empezó a evidenciarse, como podemos apreciar en el anexo de encuestas de intención de voto, que Morena y Rubén Rocha Moya serían la oferta política a vencer.

Esa tendencia potencial del voto a favor de la coalición hegemonizada por Morena provocó una fuerte disputa interna por la nominación. Así lo muestra el número de aspirantes a la postulación,[3] que fue mayor al número de candidatos que tuvieron los otros partidos y la coalición Va por Sinaloa.[4]

No obstante, el número de aspirantes a la gubernatura, la intención de voto mostró rápidamente que la disputa final sería entre los candidatos de las dos coaliciones, lo que se confirmaría conforme fueron avanzando las campañas de los candidatos desde el 4 de abril hasta el 2 de junio.

Sin embargo, las campañas políticas no fueron convencionales; rápidamente se vieron opacadas por la intervención de actores criminales en actividades de coerción de partidos y candidatos a cargos de elección popular a lo largo y ancho del estado, generando una atmósfera adversa para la participación electoral que

---

3 Entre estos destacan los senadores Rubén Rocha Moya e Imelda Castro Castro; los alcaldes Jesús Estrada Ferreiro de Culiacán y Luis Guillermo Benítez Torres, de Mazatlán; además, el exsecretario de gobierno Gerardo Vargas Landeros, la diputada federal por Culiacán Yadira Santiago Marcos, la diputada local Adriana Zárate, así como los abogados Ricardo Arnulfo Sauceda, Lucila Ayala de Moreschi y Manuel Lazcano Meza. Por último, se registraron el exalcalde de Guasave Raúl Inzunza Dagnino, el ambientalista Joel Retamoza y el integrante del Somos Más que 53 José Ángel Beltrán Rentería.

4 Mario Zamora Gastélum, de la coalición PRI-PAN-PRD; Sergio Torres Félix, de Movimiento Ciudadano; Rosa Elena Millán Bueno, de Fuerza por México; Gloria González Burboa, del PT; Misael Sánchez Sánchez, de PVEM; Ricardo Arnulfo Mendoza, del PES y Yolanda Cabrera Peraza, de RSP.

ponía en riesgo la equidad en la competencia. Los medios de comunicación dieron cuenta puntual de esta intervención desde el momento que hubo candidatos registrados ante los órganos electorales, ya que algunos de ellos eran producto de sustituciones de última hora en escenarios marcados por la acción de grupos criminales. Esto afectaría la calidad de los comicios, de ahí que las elecciones no hayan sido las que resultan de una competencia libre por los votos sino parcialmente coercitivas. Eso nos lleva a adoptar la categoría de análisis de «democracia defectuosa» para este estudio de caso, es decir, estamos ante un tipo de régimen político

> [...] en transformación que no ha llegado a consolidar una democracia liberal que corresponde a los criterios de democracia enraizada, pero que no son regímenes autocráticos por el hecho de que, básicamente, funciona como principio el régimen electoral (elecciones libres, imparciales y frecuentes). Estos regímenes en transformación son regímenes «relativamente» democráticos, muy representativos y abiertos al debate público que han llegado a niveles de participación bastante aceptables. (Puhle 1999, 10)

Como se puede apreciar en la definición, este tipo de democracia no llega a cumplir con los elementos que constituyen una auténtica democracia poliárquica. Y para decirlo en términos de Robert Dahl, el concepto no estaría referido a «sistemas políticos que se encuentran más cerca del ideal democrático»,[5] o sea, esta definición entraña el reconocimiento de la inexistencia de democracias perfectas. Por el contrario, la imperfección democrática sería la constante en las llamadas democracias consolidadas o en proceso de consolidación. Para el politólogo norteamericano, las democracias deben cumplir seis condiciones mínimas para que se les considere tales, es decir, debe haber: 1) cargos públicos para que sean elegidos unos candidatos; 2) elecciones libres, imparciales y frecuentes; 3) libertad de expresión; 4) acceso a fuentes alternativas de información; 5) autonomía de las asociaciones, esto es, que haya libertad para que asociaciones y partidos políticos

5 *La poliarquía de Robert Dahl* https://Conceptospolíticos.com

puedan formarse y, 6) una ciudadanía inclusiva, que tenga plenos derechos. (Dahl 2012, 77-78)

Y en estos comicios del 6 de junio de 2021, la intervención del crimen organizado sea por la vía del financiamiento ilegal o a través de operativos de disuasión, puso en entredicho varias de estas condiciones. Esto lleva, inevitablemente, a hablar de una democracia defectuosa, tanto por sus insuficiencias naturales de todo proceso de construcción institucional como por la tensión que significa la intervención violenta de este actor antisistema en tanto interfiere en tareas que le corresponden por ley a los representantes legítimos del sistema de partidos y que deben ser conforme a los principios de participación democrática interna que está claramente definida en la ley de partidos políticos.

Entonces, para hablar de democracia, no basta la existencia de las instituciones convencionales que son los partidos políticos o los organismos electorales, sino también que haya las condiciones para un verdadero juego democrático y se garanticen las libertades para difundir las plataformas electorales a fin de que el ciudadano cuente con información programática y con ella pueda ejercer su derecho a participar en los partidos y ejercer el voto, con absoluta libertad, por el partido y candidato o candidatos de su preferencia.

Es decir, que los actores principalísimos de las contiendas electorales que son los partidos tengan las garantías para hacerlo en libertad y con todos los recursos legales previstos en la ley. Eso, como veremos más adelante, no ocurrió al menos parcialmente en el mes de junio de 2021 y, si bien, el margen de victoria no pone en entredicho los triunfos de la coalición Morena-PAS, y menos el triunfo rotundo de Rocha Moya, esto no significa que la elección necesariamente haya sido ejemplo de competencia democrática.

Las instituciones de la democracia mexicana fueron incapaces de garantizar los derechos políticos y limitar la acción violenta de los actores extraelectorales, lo que habla de una débil institucionalidad electoral. Quizá como nunca, el sistema democrático estuvo bajo el acecho de actores criminales interesados en obtener beneficios mediante una cuota de la representación política o simplemente, hacer sentir su presencia e influencia en la vida pública para posteriormente validarlas en su beneficio. Y es que, en los comicios, estos actores antisistema irrumpieron violentamente en los distintos momentos del proceso electoral y, donde quisieron, capturaron mayores espacios territoriales y bajaron a candidatos nominados a cargos de elección popular para imponer a los de su preferencia y, en última instancia, convertirse en gobernantes, lo que evidentemente es una alteración grave de la representación política.

Para tener una mejor perspectiva de este fenómeno anticlimático basta ver las elecciones que se celebraron en 15 estados y donde estuvo en disputa la titularidad de los ejecutivos. Lo comprueban los testimonios de los que personalmente resultaron afectados,[6] las posturas severas de dirigentes partidistas nacionales, las denuncias interpuestas ante las autoridades competentes y, sobre todo, el caudal de decenas de asesinatos de funcionarios, dirigentes y candidatos en las distintas entidades.[7] Esta debacle del sistema electoral da cuenta, si no de una estrategia coordinada de actores criminales, sí de una sintonía que tuvo efectos en la participación y la decisión del voto, no solo en el ámbito

---

6 https://www.noroeste.com.mx/culiacan/centenares-los-companeros-privados-de-la-libertad-durante-campana-dice-mario-zamora-XN1069624

7 La empresa Etellekt, en su informe de junio, muestra un escenario sangriento, penoso y creciente: Suman 910 agresiones políticas, lo que representa 17.5% más que en el proceso de 2017-2018; fueron asesinados 91 políticos y 36 de ellos eran aspirantes y candidatos; los opositores, nos revela el informe de marras, eran el principal blanco de los criminales; la violencia política se expandió geográficamente a 525 municipios; aumentaron los ataques contra colaboradores de candidatos, e infracciones contra la dignidad, previo a la jornada electoral del 6 de junio y ascienden a 252 los asesinatos de personas vinculadas a la política y el servicio público durante el proceso electoral. https://www.etellekt.com/informe-de-violencia-politica-en-mexico-2021-J5-etellekt.html Consultado el 22 de junio de 2021.

territorial de un estado, sino de regiones completas, como fue el caso de la costa del Pacífico, desde Guerrero hasta la frontera méxico-estadounidense de Sonora y Baja California; donde hubo en mayor o menor grado actos de violencia criminal que enturbiaron los triunfos en general y, en particular, de los de morenistas que fueron los amplios ganadores, con excepción de Jalisco, que no tuvo comicios de gobernador y el partido dominante, Movimiento Ciudadano, siguió siendo el más votado en las elecciones federal y estatales.[8]

En el estado de Sinaloa, la intervención de estos actores antisistema adquirió una atención mediática especial por la intervención de, al menos, se dijo, un ala del Cártel de Sinaloa y otra del Cártel de los Beltrán Leyva[9]. Ahora bien, hay que dejar en claro que la intervención de estos actores criminales en las elecciones concurrentes era una apuesta estratégica y tenía como objetivo obtener beneficios en un escenario de polarización, debilidad institucional y hasta de sintonía político-criminal. Se trataba de aprovechar lo sustantivo de la máxima presidencial de la política de seguridad pública de «abrazos, no balazos», la cual, en términos reales, ha significado al país en los primeros cuatro años de gobierno obradorista 132 mil homicidios dolosos, decenas de miles de desapariciones forzadas y miles de feminicidios, de acuerdo con el Secretariado Ejecutivo del Sistema Nacional de Seguridad Pública y de la Secretaría de Seguridad y Protección Ciudadana.[10] Eso supera por lejos las tasas de criminalidad que tatuaron los gobiernos priistas y panistas.

---

8 https://www.informador.mx/jalisco/Elecciones-Jalisco-2021-Tras-recuento-MC-celebra-triunfo-en-Tlaquepaque-20210612-0056.html Consultado el 22 de junio de 2021.

9 Véase Ernesto Hernández, *«Crimen y Castigo» en Politeia,* Revista de Pensamiento Político 77 (Culiacán, 2021).

10 https://www.elfinanciero.com.mx/nacional/2022/10/04/asesinatos-durante-la-4t-superan-los-130-mil-casos/ Consultado 2 de noviembre de 2022.

Finalmente, todo proyecto de investigación electoral obliga a tener un marco teórico mínimo para el análisis del contexto, la organización electoral, las estrategias partidistas y el comportamiento electoral, y qué mejor para ello que el esquema que nos ofrecen las teorías del comportamiento electoral. Estas nos proporcionan herramientas útiles para comprender más de cerca el comportamiento de los potenciales votantes en sociedades formalmente democráticas, que, sin embargo, no son eficaces para garantizar el cumplimiento de los principios básicos planteados por la teoría democrática. Incluso, producto del estudio del proceso de esta elección podría servir para una mejor caracterización de democracias defectuosas, como la sinaloense, donde el poder del crimen organizado podría estar derivando en una suerte de poder paralelo.[11]

---

11 Luis Esteban González Manrique, «El Poder paralelo: El crimen organizado en América latina », *Revista de Prensa*, 25 de julio 2006. https://www.almendron.com/tribuna/un-poder-paralelo-el-crimen-organizado-en-america-latina/

# *II. Teorías del comportamiento electoral*

La ciencia política contemporánea tiene dos grandes escuelas explicativas para el estudio del comportamiento político electoral: una, la conductista, también conocida como *behaviorista,* y la otra, de enfoque económico, que también se conoce como teoría de la acción racional. Son dos metodologías de la ciencia política que sirven para abordar un mismo problema de investigación que está en los comportamientos electorales.

La primera data de 1895, cuando el sociólogo francés Emile Durkheim publicó su libro seminal *Las reglas del método sociológico,* donde expuso la idea de que todos los aspectos de una sociedad (instituciones, roles, normas, etcétera) son interdependientes en cuanto cumplen una función significativa y son indispensables para la estabilidad y supervivencia del sistema social. El conductismo, así, se inscribe en la tradición del positivismo lógico y sostiene que «cualquier explicación debe basarse en una comprobación empírica fundamentada en la observación de lo que sucede».[1] En esta perspectiva, la política se explicaría no tanto por lo que «debe ser», como imperativo ético, sino por «lo que es» realmente. De ahí que de acuerdo con esta escuela, la importancia radique en la encuesta entre los ciudadanos y el análisis estadístico que son instrumentos indispensables para la comprensión de las actitudes políticas, creencias, valores, predisposiciones y otros factores relativos a la personalidad de los actores que intervienen directa o indirectamente en las distintas fases de los procesos electorales, la distribución de la representación política y, en última instancia,

---

1 Esta y las siguientes referencias corresponden al libro de Eva Anduiza y Agustí Boch, *Comportamiento político y electoral,* como también algunos pasajes del libro de Gabriel Almond, *Una disciplina segmentada. Escuelas y corrientes en las ciencias políticas.*

la conformación de leyes que habrán de determinar las políticas públicas de los gobiernos que emergen de los votos ciudadanos.

Tal visión está sostenida en una perspectiva filosófica empirista y moderna de la sociedad. En sus orígenes, empata con la visión organicista del filósofo y sociólogo, inglés Herbert Spencer quien, recordemos, vivió en el siglo XIX y elaboró toda una teoría basada en principios biológicos. Su lógica argumental parte del siguiente razonamiento: «La sociedad y los organismos crecen durante su existencia, no como la materia inorgánica; al crecer, las sociedades y organismos aumentan en complejidad y estructura; en las sociedades y en los organismos, al llegar a este nivel, se complejizan sus funciones; la evolución crea para sociedades y organismos diferencias de estructuras y funciones que hacen aparecer a su vez otras más complejas; así, finalmente, como el organismo se considera como el conjunto de varias unidades, las sociedades son organismos compuestas por otros elementos».[2]

Y aunque Spencer, posteriormente, se distancia de la postura de la analogía orgánica su contribución abre la puerta para que las nuevas corrientes politológicas y sociológicas, especialmente la estructuralista, reconozcan que los organismos naturales y las sociedades parezcan un sistema complejo, no que el uno se parezca al otro.

Esto habría de provocar un vuelco de 180 grados en la teoría social porque permite ver cómo las piezas de un todo social se articulan, no necesariamente de forma armoniosa, sino provocando una constante contradicción entre los individuos que realizan funciones distintas en el sistema social.

No entraremos al detalle de esta contradicción, simplemente diremos que es el soporte de la teoría marxista que, alejada de posturas evolucionistas y organicistas, eleva la contradicción a un estatus histórico cuando Carlos Marx y Federico Engels señalan en el Manifiesto Comunista: «Toda la historia de la sociedad hu-

---

2 *Evolucionismo y organicismo sociológico: Herbert Spencer.* s.f. Studylib.es

mana, hasta la actualidad, es una historia de luchas de clases».[3] Ambos pensadores alemanes ponen el énfasis en la lucha de contrarios, la contradicción capital-trabajo, que solo en su argumento podría ser superada en la igualdad de la sociedad comunista, la antítesis del capitalismo desigual.

Ahora, vayamos a Augusto Comte, el llamado padre de la Sociología, quien en sus estudios filosóficos formula la llamada Ley de los tres estados, es decir, «el estado teológico o ficticio, el estado metafísico o abstracto y el estado científico o positivo. El primero es esencial para el desarrollo de la inteligencia humana; el segundo es únicamente una etapa de transición y el tercero es su estado último y definitivo».[4]

Nos interesa recuperar para nuestro análisis el tercer estadio porque ahí radica el fundamento del conductismo. ¿Qué plantea? «La explicación de la realidad se basa en la observación, en la experiencia. El método científico relaciona la causa y la clasificación de los datos recogidos, es fundamental».[5]

Justamente esto es lo que da pie a una pregunta de ciencia política aparentemente sencilla, que no lo es: ¿por qué la gente se comporta como lo hace? La respuesta para el paradigma conductista o behaviorista se encuentra no en el objeto de estudio, sino en la metodología utilizada. ¿Por qué el énfasis en la metodología? La explicación radica en que para este paradigma la clave está en la comprobación empírica basada en la observación del objeto de estudio. Y esto nos sitúa en un vértice problemático. El de las definiciones que se asumen como ciertas y las hipótesis sujetas a comprobación. Y es que una definición *per se* no necesariamente es cierta en tiempo y lugar. Por ejemplo, con frecuencia se dice que a mayor escolaridad mayor participación y a menor escolaridad menor participación.

---

3 Karl Marx y Federico Engels, *El Manifiesto del Partido Comunista,* 1948.

4 Paula Rodríguez, «Augusto Comte y el Positivismo: resumen», Unprofesor.com

5 *Ibíd.*

¿Podría asumirse esto como un axioma que como tal no necesita ser comprobado? Ahí dirá el conductismo: «Espera, hay que comprobarlo, porque a lo mejor es una hipótesis falsa», ya que el comportamiento de las personas, independientemente del lugar que ocupan en la escala social, está interferido por distintos factores que animan o desaniman la participación en las rutinas democráticas, en las instituciones o en los distintos espacios de la sociedad.

Así, los incentivos para participar pueden ser percibidos como escasos e incluso peligrosos, lo que termina por falsear la definición y, si esta se convierte en hipótesis, acabar por ser negada por la propia realidad.

Y cuando esto se refiere al comportamiento político que frecuentemente está impregnado de valores, subjetividades, ideología y visto como «debería ser» y no como lo que «es», se tuerce el rabo. Entonces, eso obliga a una observación metodológicamente científica. O mejor, menos sujeta a subjetividades y emociones, para la toma de las mejores decisiones.

Estamos, entonces, frente al mundo de los datos que se generan a través de encuestas sobre los temas más diversos, que en materia de comportamiento político tiene que ver con las actitudes, valores y creencias. Hecho que le ha ganado la crítica no siempre exacta, que revela más las actitudes que el propio comportamiento político. Además, habrá quienes señalen críticamente el uso excesivo de los «datos» para explicar la realidad. Incluso, los críticos más severos del conductismo se encuentran dentro de lo que se ha definido como *posbehaviorismo,* es decir, lo que está más allá de lo empírico.

Esta tradición politológica, que es muy influyente hoy en el mundo de la demoscopía, encontró una crítica muy severa de parte de sus propios discípulos que dieron forma al llamado *posbehaviorismo* y estos, sin romper totalmente con la visión clásica del conductismo, pusieron en entredicho el énfasis colocado en el llamado dato duro y el descuido de cuestiones normativas importantes, sustantivas.

David Easton: es el gran politólogo norteamericano que dejó grandes aportes al estudio de los sistemas políticos, incluso al análisis de lo político a través de un esquema, aprovechado muy frecuentemente por el periodismo para comprender no solo las actitudes de los actores políticos, sino también las tensiones que se generan continuamente y reclaman la intervención de los gobiernos para evitar que se salgan del cauce institucional. Por lo tanto, Easton plantea un tránsito desde «bases normativas» de la investigación hacia lo que define como «especulación creativa», dando un vuelco a la postura clásica del conductismo.

En esta línea de investigación intentaríamos comprender los posibles efectos que tiene la violencia criminal sobre el comportamiento político de los ciudadanos en tiempos electorales. Obligaría a un mayor compromiso en el momento de analizar las evidencias de cargo. En la lógica de un conductista crítico como David Easton (1999), la violencia criminal sería una perturbación tensiva que afecta el sistema político, en tanto pone en entredicho su propia estabilidad y exige la necesidad de crear *outputs* eficaces para que a través de políticas públicas sostenibles se garanticen la conservación y operación del sistema político.

De ahí que, de acuerdo con los objetivos de este trabajo, nos propongamos sugerir posibles «alternativas políticas» a un fenómeno creciente y dramático en la vida política mexicana.[6]

Ahora, vayamos al enfoque económico, o teoría de la elección racional, que explicaría el comportamiento electoral bajo una premisa más sencilla con base en «la valoración que hace el individuo de los costos y beneficios» que representa participar o no en una acción colectiva. Ya sea esta participación activamente en un partido político o, en las convocatorias cívicas de elecciones, donde se pone en juego quién terminará

[6] Véase «La réplica narca en los municipios», *Ríodoce*, 13 de junio 2021.

detentando un cargo público por el periodo establecido constitucionalmente.

Esta disyuntiva entre participar y no participar en la acción política pasaría por tres dudas razonables: el costo de participar activa o pasivamente, el beneficio que se puede obtener como resultado de cualquier decisión que se tome a favor o en contra y la capacidad para influir en un resultado favorable a través de la participación (Anduiza y Bosch, 2004, p. 40). Dicho de una forma más clara, la valoración que hace cada individuo cuando decide tomar una decisión en el mercado de bienes y servicios o, en el mercado político, cuando tiene que decidir entre comprar o no comprar ese bien o contratar el servicio, participar activa o pasivamente o no hacerlo porque percibe que los costos en cuestión de riesgos son mayores que los posibles beneficios. De acuerdo con esta teoría, la participación política de los ciudadanos dependerá de tres elementos, según Anduiza y Bosch:

*Costes*. Participar implica unos costes para el individuo: es necesario un esfuerzo para conseguir información, analizarla, procesarla, decidir qué hacer y cómo actuar. En algunos casos, como es una huelga, participar puede suponer perder el salario o incluso otro tipo de represalias. En otros, como votar, el coste de la participación es menor. En cualquier caso, según la teoría de elección racional, cuantos mayores sean los costes menores será la utilidad de participar y, por tanto, menor la participación.

*Beneficios*. La participación se ejerce con el objetivo de conseguir un fin: que gane nuestro partido preferido, que se retire un determinado decreto, que no se inicie un conflicto bélico, etcétera. La teoría de la elección racional no entra en valorar qué fines son los que se persiguen ni por qué, pero asume que los individuos tienen preferencias (unos partidos sobre otros, unas políticas sobre otras, unas situaciones sobre otras). Cuanto mayor sea el beneficio que obtengan con la consecución de sus objetivos, mayor será su implicación y su participación. Los beneficios que se consiguen gracias a una participación exitosa (que gane el partido preferido, que se retire el decreto o que no se inicie la guerra), al contrario que los costes, son colectivos, es decir, afectan a todos los ciudadanos, hayan participado o no.

*Capacidad de influencia*. En la valoración sobre si participar o no, los ciudadanos también tienen en cuenta su capacidad de influir en el resultado final. Si la acción del ciudadano no tiene un peso elevado a la hora de incidir sobre el resultado porque es «una entre millones», el ciudadano encontrará menos utilidad en su participación. Si, por el contrario, el que se obtenga o no el objetivo de su participación tiene un peso similar, entonces la utilidad de participar se incrementa. Por eso, la participación electoral suele ser más elevada cuando los pronósticos no dan claro ganador, es decir, cuando el resultado depende de unos pocos votos. En otras palabras, los incentivos que tiene una persona para participar dependen de lo que prevea que hagan los demás. (Anduiza y Bosch 2004)

Esta triada que subyace a la participación política plantea el llamado dilema de la acción colectiva o también conocido como *el dilema del prisionero*. Es decir, si participo, pero mi participación no define el resultado, sino que depende de cómo participen otros, lo más racional es no participar.

En esta lógica, en aquellos temas de interés colectivo —por ejemplo, ampliar los mecanismos de participación democrática— lo racional es que todos estén interesados en tener una mejor sociedad, pero la regla es la excepción, eso sería la participación perfecta, lo cual no ocurre en la realidad. Habrá un sector de miembros de una comunidad política que dirá si la ampliación de esos mecanismos de participación no está en duda y, basta que se active la mayoría, entonces, el ciudadano medio podrá decir y actuar bajo la lógica que «los otros corran con el coste de la participación», sobre todo en aquellas sociedades que tienen un fuerte componente autoritario o militar, donde las reglas de convivencia no están determinadas por el consenso sino por el disenso que provoca la centralización autocrática del poder.

Este escenario de cálculo racional nos remite a una disciplina de las matemáticas y la economía, la llamada teoría de juegos, que la literatura especializada define como «la rama que estudia la elección de la conducta óptima de un individuo cuando los costes y los beneficios de cada opción no están fijados de antemano, sino que dependen de las elecciones de otros individuos».[7] Sin embargo, hay varios tipos de juego y en ellos, los individuos deben tomar decisiones con base en su propia racionalidad y sus objetivos, su cálculo en clave de incentivos para cooperar o no cooperar en un asunto público:

- Simétricos o asimétricos: Un juego simétrico es aquel en que las recompensas y castigos de cada jugador son las mismas. Son ejemplos de juegos simétricos el juego del halcón y la paloma, el dilema del prisionero y la caza del ciervo, en sus características estándar. La mayoría de los juegos 2×2 son simétricos. En cambio, el juego del ultimátum y el juego del dictador son asimétricos.
- Juegos de suma cero o distinta de cero: Cuando un jugador gana, el otro pierde exactamente la misma cantidad. El ajedrez, el go, el póker y el juego del oso son juegos de suma cero. Incluso la bolsa es un juego de suma cero (sin tener en cuenta comisiones). El dilema del prisionero es un juego de suma distinta de cero, al igual que el fútbol, ya que si se empata se gana un punto, pero si se gana se suman tres (si al ganar se sumaran dos como antiguamente, sí sería un juego de suma cero).
- Juegos cooperativos o no cooperativos: Los juegos cooperativos son aquellos en los que dos o más jugadores forman

7 Andrés Sevilla Arias, *Teoría de Juegos,* Economipedia.com

un equipo para conseguir un objetivo, se analizan las estrategias óptimas para grupos de individuos, asumiendo que pueden establecer acuerdos entre sí acerca de las estrategias más apropiadas.

- Equilibrio de Nash: La solución final que se alcanza es un equilibrio en el que ninguno de los jugadores gana nada modificando su estrategia mientras el otro o los otros mantenga la suya. Es decir, ninguna de las partes puede cambiar su decisión individual sin empeorar.
- Simultáneos o secuenciales: En los secuenciales cada jugador actúa después de otro, mientras que en los simultáneos actúan a la vez.
- De información perfecta o imperfecta: En los juegos de información perfecta todos los jugadores saben lo que han hecho los otros anteriormente.[8]

El dilema del prisionero se acerca más a nuestro objeto de estudio que es la postura que podrían tener los ciudadanos para participar en un entorno marcado por la violencia criminal debido a la adopción de algunos jugadores de estrategias «sucias» para debilitar a sus adversarios. Por ejemplo, hacer alianzas informales con los grupos criminales para, mediante la violencia, introducir elementos disuasivos de participación en los asuntos públicos. Esas no son precisamente condiciones normales para ejercer el voto en libertad sino, adversas, porque el ciudadano promedio percibe que podría tener altos costos su participación o, simplemente, percibe que la decisión última no está en el voto sino entre quienes pactan para ganar en cualquiera de los escenarios. Esto lleva a valorar la participación en clave de frenos e incentivos. No es, como veremos más adelante, el escenario ideal para participar en una jornada cívica, comunitaria, democrática, sino su antítesis, su negación, un proceso electoral que no se ajusta a la ley, a lo acordado en la

---

8 Andrés Sevilla Arias, «Teoría de Juegos», Economipedia.com

representación política, en los grupos de interés y sin escrúpulos, en la puesta en práctica en juego eliminatorios por fuera de las reglas, es decir, no democráticas. Entonces, el freno son las estrategias políticas basadas en la intimidación, el miedo que llega a detener la participación del ciudadano en los comicios periódicos, mientras los incentivos sin desaparecer podrían ser menos poderosos. No es el caso de un sindicato que puede tener incentivos selectivos, es decir, beneficios inmediatos, como un aumento de prestaciones y salarios, mejores condiciones laborales, etcétera.

En cambio, los incentivos en los comicios están marcados por factores de distinto orden. Está el militante y el simpatizante de un partido movilizado por razones de tipo económico, político e ideológico o su cercanía con el líder carismático o su principal incentivo es simple y llano el éxito electoral.

Además, el éxito electoral podría conllevar a la promoción personal en el partido y la sobrevivencia laboral. Entonces, bajo esas circunstancias adversas, el miedo que otros tienen por el entorno violento se diluye y corren decididamente los riesgos de participar atendiendo a sus propias expectativas. Los comicios durante la pandemia de COVID-19, por ejemplo, llamaban, además, de cambiar las maneras de comunicarse con los potenciales electores a la prudencia, por los riesgos reales, directos, de contagiarse del virus e incluso alcanzar la muerte. Sin embargo, muchos estuvieron dispuestos a correrlos fuera por llevar el mensaje político de su líder, por razones ideológicas o, lo más elemental, obtener unos ingresos para él y su familia que podría estar en bancarrota, como le sucedió a muchos afectados por la crisis económica que abatió decenas de miles de pequeñas y medianas empresas y empleos.

Entonces, el ciudadano promedio podría tener como incentivos la instrumentación de unas políticas públicas que le favorezcan a él y su familia, una promesa de mejoría en el entorno en que se desenvuelve y que los otros políticos no la garantizan; o aun peor, cuando amenazan diciendo que la situación podría empeorar en caso de obtener el éxito electoral. Con esa visión optimista, acude a las urnas y corre los riesgos que ello implica. Finalmente, está aquel ciudadano pesimista que no percibe ningún incentivo porque lo domina la idea de «todos los políticos son iguales, van por lo suyo y, solo les interesa obtener el triunfo para mejorar su situación personal». Y en esa lógica depresiva, este elector no quiere correr riesgos y decide no participar... total, la decisión -dirá- está en otra parte, no en el sufragio, y a este tipo de ciudadano desideologizado le da lo mismo quién resulte ganador en una contienda por los votos.

Ahora bien, en el mosaico de países y culturas, tenemos distintos regímenes políticos, y en particular, los sistemas democráticos no son homogéneos, sino que tienen distintos niveles de desarrollo de manera que, *grosso modo,* podrían dividirse entre democracias consolidadas y democracias en proceso de consolidación o en riesgo regresivo. A estas últimas, muy características de América latina, les subyace una debilidad institucional y eso conlleva a que frecuentemente en sus rutinas políticas aparezcan actores no democráticos. Uno de ellos es el crimen organizado que llega a crear intereses y esos intereses necesitan tener poder político para avanzar en sus propósitos omnicomprensivos. Sin embargo, la violencia en sus distintas manifestaciones (criminal, económica, simbólica, etcétera) existe en todas las sociedades contemporáneas, es uno de sus componentes operativos, y la única diferencia, entre esas sociedades, tiene que ver con la capacidad de cada sistema político para garantizar la dinámica de la acción colectiva y la capacidad de procesar institucionalmente la actuación de estos actores lo más ordenadamente posible.

Por lo tanto, en caso de que el ciudadano promedio no tenga alguno o algunos incentivos, es altamente probable que cambie por una opción que al menos ideológicamente si los tendrá o, en definitiva, decida abstenerse de participar so riesgo de ser copartícipe en este tipo de acción colectiva, que es la de votar en unas elecciones de renovación de los cargos de representación política.

*Grosso modo,* los incentivos y riesgos del ciudadano para cumplir con el deber constitucional de «votar y ser votado» en elecciones en contextos violentos[9], podemos representarlos en la siguiente matriz analítica:

Tabla 1

Incentivos y riesgos de participar en elecciones en contextos violentos (dilema del prisionero)

| YO<br>COOPERO | Los demás | |
|---|---|---|
| | COOPERAN<br>Apoyan la elección<br>(Se obtiene beneficio B) | NO COOPERAN<br>No van a votar<br>(No se obtiene beneficio C) |
| Voto<br>(sufro costes C) | B-C | 0-C |
| NO COOPERO | B | 0 |
| No voto<br>(No sufro C) | | |

*Nota.* 0= No van a votar B=Beneficios, objetivos de las elecciones (Posibilidad que no siga ganando el partido que ha demostrado incompetencia a la hora de gobernar) C=Costes de Participación (Que la alternancia sea más de lo mismo y no obtenga ningún beneficio e incluso que empeore).

La matriz muestra por un lado, los beneficios y costes que tiene un ciudadano al participar en elecciones en contextos violentos, en un escenario de suyo con opciones cerradas y donde el elector está en las coordenadas del «dilema del prisionero», es decir, no

---

9 Entendemos por «elecciones en contextos violentos» aquel tipo de comicios que ocurren en un ambiente de tensión entre el Estado mexicano y las organizaciones criminales, lo que provoca una caída drástica de los incentivos por el incremento de los riesgos de participación de los ciudadanos salvo que el Estado sea capaz de neutralizar la acción criminal u ocurra una participación alta como resultado del interés por votar de los ciudadanos para evitar el deterioro de sus instituciones democráticas.

puede jugar con otras opciones electorales más que con las existentes en la oferta institucional, aunque, en términos prácticos, nuestro ordenamiento jurídico contemple la figura de las candidaturas independientes e incluso la «candidatura no registrada» en la papeleta electoral.

En este tipo de sistemas de candidaturas y listas bloqueadas los incentivos de participar son muy reducidos, ya que la misma inseguridad la ven los ciudadanos como una falta de eficacia del gobierno y, si es así, la respuesta se reduce a preguntas fundamentales en clave de incentivos: ¿para qué participar? ¿qué gano votando? ¿Si coopero y voto es muy probable que la situación de violencia cambie o tenga que pagar un coste innecesario, pues mi entorno seguirá deteriorándose?, es decir, ¿seguirá siendo inseguro?

En cambio, ¿si no coopero, no sufro los costes de participación, no soy cómplice de una situación de inseguridad? No arriesgo, sea porque se presiona para votar al tener candidaturas bloqueadas y por los riesgos de que asalten la casilla el día de la jornada y se lleven *mi* voto sea destruyéndolo o trasladándolo a una contabilidad distinta a la de *mi* preferencia.

Aclaro, son razonamientos que frecuentemente escuchamos entre ciudadanos que tienen un alto nivel de desconfianza en la política y de los políticos en funciones de gobierno, además, de las instituciones encargadas de organizar las elecciones y resolver las controversias entre partidos, de manera que podrían ser en parte lo que explica el alto número de abstencionistas que alcanzó en 2021 el 51% en la elección de gobernador, pero que tiende a ser una constante nacional, pese a las campañas a favor de la participación en los procesos electorales e incluso en las consultas populares.

En el otro lado, los demás jugadores, si cooperan con el sistema político (B-C) bajo el argumento de que votando pueden tener el beneficio que su partido en el gobierno lo siga haciendo, aun cuando sus gobernantes no lo hagan eficazmente, ni cumplan con el programa electoral o lo hagan francamente mal, pero continúan otorgando incentivos a sus clientelas a través de becas a los jóvenes, apoyos a las madres solteras, pensiones a los adultos mayores, privilegios fiscales, acceso a la salud gratuita, a la vivienda, a la educación etcétera.). También razonan «si voto y pierde *mi* partido o coalición, puedo, igualmente, obtener beneficios si otro partido lo hace mejor y no siga en el gobierno el partido más incompetente a la hora de gobernar» (0-C).

Ahora bien, si decide no votar, el resto de los ciudadanos tiene dos costes posibles: uno, que su partido no gane, lo que, sin duda, reduciría probablemente los beneficios que recibiría con el gobierno de su preferencia o que la alternancia en el gobierno sea más de lo mismo (0).

En suma, a efectos de este ensayo, recuperamos del *posbehaviorismo* el planteamiento metodológico de Easton de que todo sistema político está sujeto a constantes tensiones por los *inputs* (demandas de la sociedad o de grupos de poder), y que estas pueden ser o no procesadas mediante *outputs* (ofertas de política pública para esos intereses o grupos) mediante el mejoramiento del entorno donde viven las personas, es decir, que el partido en el gobierno instrumente políticas públicas sustentables y eficaces o en su defecto, que la violencia criminal, rebase las capacidades del gobierno y termine por neutralizar a las instituciones del Estado, generando así fuertes perturbaciones en el sistema político o, peor, que esa debilidad institucional termine por permitir la incorporación de criminales o de sus testaferros en los cargos públicos y de representación política, con el subsecuente efecto en los gobiernos.

De la teoría de acción racional, entonces, recuperamos la idea de que los ciudadanos, cuando de votar se trata frecuentemente se mueven en opciones prácticamente cerradas a lo que ofrecen los partidos o coaliciones, aun cuando haya sistemas electorales abiertos o semiabiertos –donde existen llamadas candidaturas independientes–, lo que se traduce en la dinámica del dilema del prisionero que debe escoger entre las opciones que ofrece el sistema de partidos, es decir, que ante la estrechez de posibilidades de voto este tiene que hacer un cálculo costo-beneficio de votar entre el candidato del partido A y el del partido B, o Z, buscando de esa manera que el costo al hacerlo sea el menor posible o, simplemente, tomar la decisión de abstenerse de participar.

En definitiva, las teorías del comportamiento electoral permiten salirse de un ejercicio muy frecuente entre los periodistas e investigadores electorales que tienden a quedarse en el recuento de los votos: ¿cuántos votos le tocan a tal o cual partido o coalición?, ¿cuántas posiciones de poder le tocan a cada uno de los jugadores?, ¿quiénes pierden y quienes ganan? Pero poco se profundiza en el contexto en que se celebran las elecciones, las estrategias y alianzas que utilizan los actores políticos y cómo estas influyen en la temperatura y el ánimo electoral, incluso cómo determinan los resultados entre los ganadores y perdedores en las contiendas por los votos.

# III. Proceso electoral

El proceso electoral (2020-2021) dio inicio oficialmente el 8 de diciembre de 2020 con la instalación del Consejo General del Instituto Electoral del Estado de Sinaloa y la emisión de la convocatoria para celebrar elecciones a cargos de representación popular.

En esa convocatoria a elecciones estarían en disputa la gubernatura del estado, 24 diputaciones de mayoría relativa y 16 de representación proporcional, además de la titularidad de 18 ayuntamientos, 84 regidurías de mayoría relativa y 69 de representación proporcional y 18 síndicos procuradores.

En total, estuvieron en disputa 230 cargos por renovar sin considerar las suplencias que contempla la ley. La lista nominal era, hasta el 10 de abril, de 2 252 107 ciudadanos con credencial y derecho a votar, para lo cual se instalaron 4986 casillas a lo largo y ancho del estado. Además, estaba el llamado para inscribir candidaturas independientes y la respuesta fue de dos para buscar la titularidad en ayuntamientos (El Fuerte) y dos para diputaciones (una para el Distrito 1 y otra para el 22).

El periodo de precampañas inició el 23 de diciembre y culminó el 31 de enero de 2021. Y las campañas de aspirantes a gobernador, diputados y ayuntamientos fueron del 4 de abril al 2 junio de 2021, mientras que los debates públicos entre los candidatos a gobernador se celebraron el 22 de abril y el 25 de mayo de 2021.

Este fue el marco del calendario institucional para tener unas elecciones «normales» y una competencia por los votos, que tenía como objetivo renovar la representación política de la todavía frágil democracia sinaloense. El proceso no se dio civilizadamente: en los comicios, no solo participarían los partidos y sus candidatos, sino también indirectamente y no tan en las sombras, miembros del crimen organizado, tanto en la fase de selección de candidatos como en la jornada electoral, influyendo en alguna medida en los resultados de aquellos municipios y distritos donde pusieron el énfasis en sus acciones.

Ahora bien, bajo las coordenadas teórico-empíricas ya señaladas nos disponemos a analizar dos dimensiones: una, que tiene que ver con el contexto en que se celebraron las elecciones sinaloenses y dos, los resultados que arrojaron las elecciones tanto de gobernador como de los otros niveles de gobierno.

Antes de ir al fondo de estas contiendas partimos de los siguientes supuestos que a nuestro juicio motivan participar en elecciones constitucionales, excluyendo a quienes votan por razones corporativas, clientelares y/o por la compra y coacción de voto: uno, hay una franja de ciudadanos que decide ir a las urnas porque tiene más incentivos objetivos y subjetivos para brindar su apoyo al sistema democrático sea porque ven en esta elección el riesgo de perder incentivos ya ganados, o bien dos, ciudadanos que ratifican, brindan o retiran apoyo a un partido o coalición por la incapacidad que tiene para evitar un mayor deterioro de la calidad de vida en su comunidad.

Y, en contrapartida, son válidas las siguientes preguntas: ¿cuáles serían los incentivos del crimen organizado para extender sus actividades a los procesos electorales cuando neutraliza candidaturas competitivas, amenaza, secuestra e intimida con muerte a los operadores políticos opositores o, más grave aún, cuando coacciona a franjas de electores para que voten en el sentido que determinan las armas y las balas?[1] ¿qué beneficios obtiene el crimen organizado cuando «gana su coalición, su partido y candidato o candidata»?, ¿qué compromisos tácitos contraen estos candidatos «triunfadores» con el crimen organizado y qué efectos tiene en el ámbito de sus tareas constitucionales? En definitiva, ¿hay manera de zafarse de esos compromisos ya en la acción de gobierno?

---

1 Héctor de Mauleón, *«6 de junio de 2021: La elección del narco»*, Nexos.

Para empezar, técnicamente el crimen organizado no es un actor sistémico legítimo, incluso podríamos afirmar que es un actor antisistema con capacidad para capturar las instituciones públicas en beneficio de sus intereses. No obstante, es un actor político, económico y social que tiene una capacidad extraordinaria para influir en las decisiones públicas. Niega, con la fuerza de la persuasión de lobbies y en el extremo utiliza la amenaza de «plata o plomo», los incentivos propios de vivir en democracia, en una atmósfera de libertades públicas donde «el que la hace la paga». Y no solo eso, los gobernantes surgidos de esta dialéctica de elecciones y violencia están destinados a gobernar sin olvidar estos intereses que terminaron influyendo activa o pasivamente en la decisión del voto en franjas de la población sinaloense.

O sea, dicho de paso, los festejos poselectorales masivos no serían resultados de esa normalidad, sino la negación del ejercicio democrático, la transacción de la voluntad popular, la afirmación de la narcopolítica y su penetración de las instituciones de la democracia.

Sinaloa tiene 18 municipios y los eventos de coacción de candidatos, operadores y votantes ocurrieron de norte a sur, de la costa a la sierra, y la única diferencia en estos ejercicios de poder radicó, de acuerdo con la información publicada, en cuál de los cárteles era el que disputaba las plazas en los municipios y quién era el candidato o candidata por vencer. Y es que, como veremos más adelante, al menos una franja del Cártel de Sinaloa operó prácticamente en todo el estado, y salvo los municipios de Sinaloa y Ahome, donde opera una célula del Cártel de los Beltrán Leyva, fue motivo de una disputa violenta.[2]

---

[2] En este estudio tomamos como referencia a los municipios donde la prensa documentó actos de violencia contra partidos, dirigentes políticos y candidatos a cargos de elección o, en su defecto, aquellos municipios donde se violentaron las tareas de los organismos electorales. No obstante, *la vox populi* señala que la intervención del crimen organizado no solo se redujo a los siete municipios que analizamos en este ensayo

Desde el inicio de las campañas electorales, precandidatos y luego candidatos opositores sufrieron intimidación y agresiones, se montaron operativos de persuasión y disuasión de votantes, sobre todo en comunidades rurales y colonias populares, secuestro de operadores políticos, compra de votos y robo de urnas, incluso después de las elecciones constitucionales el asesinato de dos operadores políticos de Morena en el municipio de Sinaloa[3] y un dirigente pesquero[4].

Es evidente que ha habido narcoelecciones desde que los procesos se volvieron competidos y existe incertidumbre sobre los resultados. Es cuando el factor crimen aparece en la escena pública, producto de alianzas informales en el sistema de partidos o *motu proprio* de manera de marcar «su» territorio y decidir quién lo gobierna. Esta anomalía en las últimas décadas ha costado al país cientos, quizá, miles de vidas del entorno político.

En Sinaloa, basta recapitular las elecciones locales de 2004, 2010, 2016 y, por supuesto, las de 2021, para dar cuenta de decenas de asesinatos políticos, lo que significa un retroceso de nuestras rutinas electorales, y una amenaza constante para el sistema democrático. Y no sería aventurado señalar que han alcanzado representación política a través de aquellos candidatos que apoyaron y resultaron ganadores en la contienda por los votos. Así que tratar de desmentir la realidad es un ejercicio vano y lo peor es que, al construir la narrativa de la normalización, lo único que se hace es no combatir a este tipo de agentes y llevarla al terreno de una coexistencia con altos costos para la sociedad.

---

de investigación, sino también en el resto de los municipios con mayor o menor contundencia.

3 https://riodoce.mx/2021/07/27/el-asesinato-de-dos-lideres-politicos-y-sociales-en-el-municipio-de-sinaloa/ Consultado el 22 de febrero de 2023.

4 https://www.debate.com.mx/opinion/Dos-politicos-de-Morena-y-un-empresario-asesinados-enrarecen-ambiente-en-Sinaloa-20210722-0090.html Consultado el 22 de febrero de 2023.

Y como testimonio de valor, recuperamos el del senador Mario Zamora, excandidato a gobernador por la coalición Va por México, quien en una entrevista que concedió días después de la elección al periodista Ciro Gómez Leyva le detalla lo que vivieron él y su equipo durante el proceso electoral de 2021, que culminó con el secuestro de los operadores electorales el mismo día de la jornada comicial.[5]

Y producto de esta circunstancia, al concluir el proceso, le llevó a interponer una denuncia *sui generis* ante el Instituto Estatal Electoral a través de un abogado del CEN del PRI porque, diría, «no encontramos un abogado en Sinaloa que pueda denunciar los hechos [...] cuando fueron secuestradas más de 1000 personas» y, claro, esa denuncia ante el órgano electoral no prosperó porque simple y sencillamente no le correspondía jurisdiccionalmente, ya que debió presentarse ante la Fiscalía General del Estado de Sinaloa o en la Fiscalía General de la República, es decir, lo que el abogado del PRI hizo fue cumplir con la formalidad y las necesidades mediáticas para, de esta forma, cerrar el capítulo de unas elecciones marcadas por la violencia y legitimar sus resultados.

Rubén Rocha ganó en toda la línea, al obtener el 56.6% de los votos emitidos y holgadamente en todos los municipios, mientras Mario Zamora obtuvo el 32.5%, y el resto de participación ciudadana, que ronda el 11%, tuvo preferencia por los otros candidatos a gobernador. El triunfo fue rotundo para Morena. Sin embargo, la intervención de actores criminales no fue suficiente para judicializar el proceso, más allá de algunos pronunciamientos mediáticos de candidatos que dejaron la sensación de que fue mucho lo que se guardaron por temor a las represalias de los grupos criminales. Incluso, lo holgado del margen de victoria ofrecía pocos incentivos para continuar la lucha jurídica pese a que, como declaró el propio candidato de la coalición Va por Sinaloa, se ofrecieron a

5 https://podcasts.apple.com/us/podcast/mil-personas-fueron-secuestradas-en-sinaloa-durante/id401279623?i=1000561146911

la autoridad electoral testimonios y videos de las violaciones ocurridas antes y durante la jornada electoral.

Tabla

Resultado de la elección de gobernador

| Candidatos a Gobernador del Estado de Sinaloa | | Resultados | |
|---|---|---|---|
| **Candidato** | **Partido/Coalición** | **Votos** | **Porcentaje** |
| Rubén Rocha Moya | Juntos hacemos historia | 624 225 | 56.60 % |
| Mario Zamora Gastélum | Va por Sinaloa | 358 313 | 32.49 % |
| Sergio Torres Félix | Movimiento Ciudadano | 31 897 | 2.89 % |
| Gloria González Burboa | Partido del Trabajo | 19 982 | 1.81 % |
| Rosa Elena Millán | Fuerza por México | 12 396 | 1.12 % |
| Ricardo Arnulfo Mendoza Sauceda | Partido Encuentro Solidario | 11 285 | 1.02 % |
| Misael Sánchez Sánchez | Partido Verde Ecologista de México | 10 536 | 0.96 % |
| Yolanda Cabrera Peraza | Redes Sociales Progresistas | 8 386 | 0.76 % |
| — | Candidatos no registrados | 422 | 0.04 % |
| **Total, de votos válidos** | | 1 077 020 | 97.65 % |
| **Votos nulos** | | 25 380 | 2.31 % |
| **Total, de votos emitidos (participación)** | | 1 102 822 | 48.97 % |
| **Habitantes inscritos en el padrón** | | 2 252 107 | |

Fuente: Instituto Electoral del Estado de Sinaloa.

## III.1. ELECCIONES DE DIPUTADOS

En las elecciones del 6 de junio estuvieron en disputa siete distritos electorales federales y 24 distritos electorales estatales. Los siete distritos federales fueron ganados por Morena y sus aliados del Partido Verde y el PT. En el caso de los distritos electorales estatales Morena ganó 15 de los 24 distritos de mayoría relativa. Y la diferencia se distribuyó entre el PRI, al que le tocarían siete, y el PAN, dos. En cuanto a la contribución a las listas plurinominales federales la votación en la circunscripción le granjeó a Sinaloa otros tres diputados y de los 16 diputados, de representación proporcional locales, ocho de ellos fueron para el PAS y cinco para Morena. Los otros tres se distribuyeron entre el PRI, PT y MC.

La figura de la reelección legislativa constituyó un incentivo para que varios de los diputados federales[6] y estatales[7] morenistas la buscaran, de manera que finalmente algunos de ellos son

---

6 De Sinaloa también buscarán la reelección Carlos lván Ayala Bobadilla, Casimiro Zamora Valdéz, Erika Mariana Rosas Uribe, Merary Villegas Sánchez y Olegaria Carrasco Macías, de Morena; Jesús Fernando García Hernández y José Mario Osuna Medina del PT, y los diputados de Representación Proporcional (RP) Alfredo Villegas Arreola y Lourdes Érika Sánchez Martínez, del PRI; Carlos Humberto Castaños Valenzuela, PAN; Lucinda Sandoval Soberanes, Morena y Marco Antonio Gómez Alcántar, PVEM. https://riodoce.mx/2021/01/05/los-13-diputados-federales-por-sinaloa-buscaran-la-reeleccion/ Consultado 18 de octubre de 2022.

7 Se retiran de la diputación por Morena, la presidenta de la Junta de Coordinación Política (JUCOPO), Graciela Domínguez, aspirante a la alcaldía de Culiacán; Pedro Alonso Villegas Lobo, aspirante a la presidencia municipal y diputado por el distrito 14; Juan Ramón Torres Navarro y Cecilia Covarrubias González por Ahome; Gildardo Leyva Ortega por la alcaldía de El Fuerte; Marco César Almaral por Navolato; Flor Emilia Guerra Mena; Flora Isela Miranda Leal por la alcaldía de Guasave y Beatriz Adriana Zárate, aspirante a una candidatura a diputada federal por el Partido del Trabajo. Jesús Palestino Carrera, aspira a la candidatura por el distrito local 02; María Victoria Sánchez Peña, por el distrito local 15; Marco Antonio Zazueta Zazueta por el distrito 16, así como Alma Rosa Garzón Aguilar, Fernando Mascareño Duarte y Horacio Lora Oliva, presidente de la Comisión de Puntos Constitucionales y Gobernación. https://www.debate.com.mx/culiacan/Dejan-su-curul-26-diputados-locales-para-participar-en-las-elecciones-en-Sinaloa-20210305-0301.html Consultado el 18 de octubre de 2022.

parte de la LXV[8] y LXIV[9] legislatura, respectivamente. Llama la atención que, de la LXIII legislatura, 26 legisladores[10] de todos

---

8 Ana Elizabeth Ayala Leyva. Distrito Federal 2, comprende el municipio de Ahome, Jesús Fernando García Hernández. Reelección. Distrito Federal 3, comprende los municipios de Angostura, Navolato, Salvador Alvarado y Culiacán poniente, Casimiro Zamora Valdez. Reelección. Distrito Federal 4, comprende los municipios de Choix, El Fuerte y Guasave, Nancy Yadira Santiago Marcos. Reelección. Distrito Federal 5, comprende el municipio de Culiacán, Olegaria Carrasco Macías. Reelección. Distrito Federal 6, comprende los municipios de Mazatlán sector norte, Concordia, Cósala, Elota, Escuinapa, Rosario y San Ignacio, Merary Villegas Sánchez. Reelección. Distrito Federal 7, comprende el municipio Culiacán sector sur, Juan Guadalupe Torres Navarro. Circunscripción 1 Plurinominal. Residente de Mazatlán, comprende los 18 municipios del Estado de Sinaloa, Manuel Guillermo Chapman Moreno. Circunscripción 1 Plurinominal. Residente de Ahome, comprende los 18 municipios del Estado de Sinaloa. El puerto de Mazatlán cuenta con 2 diputados federales: Olegaria Carrasco Macías y Juan Guadalupe Torres Navarro

9 Pedro Alonso Villegas Lobo, diputado por el distrito 14; Cecilia Covarrubias González por Ahome; María Victoria Sánchez Peña, por el distrito local 15; Marco Antonio Zazueta Zazueta por el distrito 16, así como Alma Rosa Garzón Aguilar distrito 20. https://www.debate.com.mx/culiacan/Dejan-su-curul-26-diputados-locales-para-participar-en-las-elecciones-en-Sinaloa-20210305-0301.html Consultado el 18 de octubre de 2022.

10 En sesión de periodo extraordinario, por unanimidad de los legisladores se aprobaron estas solicitudes de licencias; el grupo parlamentario de Morena fue el que más presentó, con un total de 15, de 23 que conforman la bancada, encabezados por su coordinadora Graciela Domínguez Nava, Pedro Alonso Villegas Lobo, Jesús Palestino Carrera, Flor Emilia Guerra Mena, Marco César Almaral Rodríguez, Apolinar García Carrera, Marco Antonio Zazueta Zazueta, María Victoria Sánchez Peña, Alma Rosa Garzón Aguilar, Cecilia Covarrubias González, Juan Ramón Torres Navarro, Horacio Lora Oliva, Gildardo Leyva Ortega, Flora Isela Miranda Leal, Beatriz Adriana Zárate Valenzuela. Por el PRI fueron 5 legisladores, de 8 que conforman la fracción, ellos son: Faustino Hernández Álvarez, Guadalupe Iribe Gascón, Elva Margarita Inzunza Valenzuela, Mónica López Hernández, y Gloria Himelda Félix Niebla. Los primeros

los partidos solicitaron permiso para separarse del cargo de representación y buscar la reelección a una alcaldía o una diputación local, conforme a lo que establece la Ley de Instituciones y Procedimientos Electorales del Estado, que debe ser antes de 90 días de las elecciones constitucionales. No todos lograron su propósito de reelegirse, pero lo que si sucedió es que, pasadas las elecciones, con o sin triunfo, la mayoría de ellos regresó a su escaño para «seguir» prestando servicios al Estado.

Es importante destacar que las dos grandes coaliciones que se habían constituido fueron en candidaturas comunes en la mayoría de los distritos electorales. Y si a eso le agregamos que las campañas en general estuvieron bajo el amparo de la elección de gobernador, podríamos colegir que los incentivos para cooperar estaban asociados a la marca y al candidato de una y otra coaliciones. Como ya lo hemos visto, las preferencias estaban desde el principio a favor de Morena y su candidato a gobernador bajo la sombra simbólica de la figura de AMLO. Aquello bajaba a las otras candidaturas y contiendas.

Asimismo, acompañaba la tensión que se generaba en los distritos electorales por la intervención de los comandos del crimen organizado que se movían con absoluta libertad e impunidad a lo largo y ancho del estado, dejando a su paso una estela de temor entre la población. Las campañas de la mayoría de los candidatos a diputados con honrosas excepciones y, principalmente, en los grandes centros urbanos, no se hicieron visibles

---

dos ya obtuvieron la designación para ser candidatos a alcaldes de Culiacán y Badiraguato, respectivamente. Por el Partido del Trabajo dejaron la curul los tres legisladores de la fracción parlamentaria, Eleno Flores Gámez, Mario Rafael González Sánchez y Fernando Mascareño Duarte. La lista la cierran Jesús Angélica Díaz Quiñónez, por el Partido Sinaloense, y los diputados sin partido Edgar Augusto González Zataráin y José Manuel Valenzuela López. https://heraldodemexico.com.mx/nacional/2021/3/6/se-van-26-de-los-40-diputados-del-congreso-del-estado-de-sinaloa-266373.html Consultado el 18 de octubre de 2022.

más allá de unas pintas, carteles o jingles en la radio. Dominaba la idea de que Morena arrasaría en los 24 distritos electorales; sin embargo, como ya lo señalamos, no se cumplió el pronóstico porque hubo triunfos de mayoría del PRI y el PAN, como lo muestra la siguiente imagen sobre la composición del Congreso del Estado de Sinaloa:

Figura 1

Composición del Congreso del Estado de Sinaloa (2021)

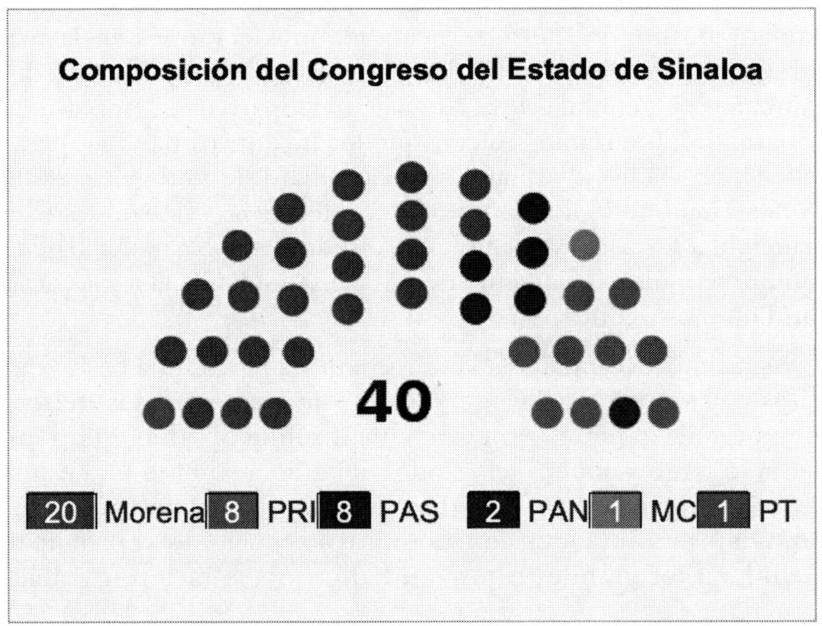


Fuente: Instituto Estatal Electoral de Sinaloa.

Morena quedó a un diputado de alcanzar la mayoría absoluta del Congreso del Estado, pero eso no representaba un problema para tejer alianzas cuando había obtenido la gubernatura, sobre todo cuando su aliado electoral había obtenido ocho escaños, lo que no solo le permitía alcanzar la mayoría sino la importantísima mayoría calificada. Sin embargo, aquello no estaba en los planes del grupo dirigente de Morena y optó por la captura de diputados que habían ganado con la marca PAS,[11] lo que tensionó la relación entre ambas formaciones políticas de manera que la representación del PAS se redujo a solo cinco diputados, lo que llevó al partido local a tener una política legislativa relativamente independiente.

Por último, habría que decir que el dominio que ejerció la marca Morena, y sus aliados del PT y el PVEM, fue especialmente notorio en la elección de diputados federales. En esta, el triunfo de la coalición Juntos Hacemos Historia fue abrumador. Los siete distritos con los que cuenta el estado quedaron en manos de Morena y sus aliados,[12] incluso, obtuvo tres diputados más por la vía de la representación proporcional, con lo cual Morena Sinaloa hizo una contribución importante a la mayoría relativa de la fracción guinda en la Cámara de Diputados.

Ahora bien, los resultados arrojan que si bien el triunfo de Morena fue abrumador no logró movilizar más electorado del que tradicionalmente participa en una elección de diputados, lo que lleva a concluir que su participación alcanza un 50%. Eso es sorprendente dado que los candidatos, en su mayoría, fueron personas sin antecedente políticos y mucho menos con experiencia legislativa.

---

11 Se trata de los diputados Martín Vega Álvarez y Rosario Guadalupe Sarabia Soto que se separaron del grupo parlamentario el 16 de marzo de 2022, y Luz Verónica Avilés Rochín el 30 de marzo del mismo mes. https://www.debate.com.mx/culiacan/Formalizan-adhesion-de-diputados-del-PAS-al-grupo-parlamentario-de-Morena-se-quedan-con-5-pasistas-20220405-0175.html Consultado el 28 de febrero de 2023.

12 Ana Elizabeth Ayala Leyva, Manuel Guillermo Chapman Moreno, Jesús Fernando García Hernández, Casimiro Zamora Valdez, Nancy Yadira Santiago Marcos, Olegaria Carrasco Macías y Merary Villegas Sánchez son las y los elegidos. https://www.noroeste.com.mx/culiacan/morena-se-queda-con-todas-las-diputaciones-federales-de-sinaloa-JD1041902 Consultado el 18 de octubre de 2022.

Finalmente, ¿cuál de los partidos gana en los distritos electorales locales con mayor violencia criminal documentada durante el proceso electoral?

Tabla 3

Partidos ganadores en distritos electorales violentos

| MUNICIPIO | DISTRITO | COALICIÓN |
|---|---|---|
| AHOME | 2 | Juntos Hacemos Historia |
| AHOME | 3 | Juntos Hacemos Historia |
| AHOME | 4 | Juntos Hacemos Historia |
| AHOME | 5 | Juntos Hacemos Historia |
| SINALOA | 6 | Va por Sinaloa |
| GUASAVE | 7 | Juntos Hacemos Historia |
| GUASAVE | 8 | Juntos Hacemos Historia |
| NAVOLATO[13] | 11 | Juntos Hacemos Historia |
| CULIACÁN | 12 | Juntos Hacemos Historia |
| CULIACÁN | 13 | Juntos Hacemos Historia |
| CULIACÁN | 14 | Juntos Hacemos Historia |
| CULIACÁN | 15 | Juntos Hacemos Historia |
| CULIACÁN | 16 | Juntos Hacemos Historia |
| CULIACÁN | 17 | Juntos Hacemos Historia |
| CULIACÁN | 18 | Juntos Hacemos Historia |
| ROSARIO[14] | 24 | Juntos Hacemos Historia |

Fuente: Elaboración propia con información del IEES.

13 Este distrito electoral comprende los municipios de Navolato y Badiraguato, de los cuales en este último existieron actos de violencia criminal registrados en la prensa.

14 El distrito electoral 24 comprende los municipios de Rosario, Concordia y Escuinapa, de los cuales en los dos últimos existen actos de violencia criminal registrados en la prensa.

## III.2. ELECCIONES DE ALCALDES

El proceso electoral en los 18 municipios del estado no fue distinto al que se vivió en las elecciones de diputados, sino que es parte de un todo. No hay que olvidar que los ayuntamientos son el epicentro básico del poder político; es ahí donde operan los grupos criminales y su territorio frecuentemente está en disputa por negocios de lavado de dinero, prostitución, secuestros, extorsiones, robo de autos, trasiego o venta de drogas. Entonces, interesa a los líderes de estos grupos saber quiénes aspiran y quién va a gobernar «sus» áreas de influencia para evitarse «sorpresas» que puedan alcanzar o «molestar» en sus actividades regulares. Y en los comicios concurrentes de 2021 no fue la excepción, sino la confirmación a la regla de operación que es la de interferir en el proceso electoral para, mediante la coacción y violencia, definir entre ganadores y perdedores.

No hay evidencia de que los grupos del crimen organizado hayan intervenido cuando los partidos con posibilidades de éxito electoral seleccionaban a sus candidatos. En aquellos que luego interfirieron. Sin embargo, cuando se supieron los nombres de los candidatos inmediatamente hubo manifestaciones violentas, como sucedió en los municipios sureños de Escuinapa[15] y Concordia[16], producto de la disputa por el territorio de los cárteles de Sinaloa y el de los Beltrán Leyva.[17] Sin embargo, eso no acabaría ahí, alcanzaría la fase previa de la jornada electoral en los municipios de Culiacán, donde secuestraron a operadores políticos,[18] Badiraguato, donde secuestraron en la vís-

---

15 https://www.noroeste.com.mx/cronologia/-/meta/violencia-en-escuinapa Consultado 20 de octubre de 2022.

16 https://www.proceso.com.mx/nacional/2021/6/3/el-prd-denuncia-tortura-amenazas-contra-su-candidato-en-concordia-sinaloa-265206.html Consultado 20 de octubre de 2022.

17 file:///C:/Users/jeher/Downloads/ORGANIZACIONES-FUENTE-CENAPI.pdf Consultado 20 de octubre de 2022

18 https://revistaespejo.com/2021/06/11/grupos-armados-secuestraron-al-menos-a-9-operadores-electorales-del-pri-y-morena-en-sinaloa/

pera de la elección al hermano de la candidata de la coalición Va por Sinaloa para que esta renunciara —lo que sucedió[19]—, en Guasave fue el robo de urnas,[20] en Sinaloa hubo amedrentamiento de militantes y electores[21] y en Ahome hubo violencia y robo de urnas.[22] La Fiscalía General del Estado de Sinaloa (FGES) abrió 44 carpetas de investigación,[23] de las cuales 17 correspondieron a la fase previa de las votaciones, 25 a delitos electorales cometidos durante la jornada electoral y 7 denuncias por privación de la libertad de 9 personas de Culiacán y Badiraguato. Es muy probable que este número no corresponda con los eventos ocurridos durante todo el proceso electoral por el temor fundado de denunciarlos. Sorprende, eso sí, que ante la notoriedad de lo sucedido no haya habido detenidos. Y aquellos expedientes nunca fueron investigados y solo se presentó la información estadística a la prensa. Eso indica que la autoridad fue omisa en la violencia política y esa omisión constituye un incentivo para que sigan actuando los grupos criminales en las elecciones. Peor aún, después de los comicios en el municipio de Sinaloa, fueron asesinados dos operadores políticos de la coalición Juntos Hacemos Historia, entre ellos un primo

---

Consultado 20 de octubre de 2022.

19 https://www.noroeste.com.mx/culiacan/con-golpes-y-un-mensaje-localizan-al-hermano-de-lupita-iribe-ex-candidata-de-badiraguato-YD1041980l Consultado 20 de octubre de 2022.

20 https://www.animalpolitico.com/2021/06/sinaloa-crimen-organizado-morena-pri/ html Consultado 20 de octubre de 2022.

21 https://revistaespejo.com/2021/06/11/grupos-armados-secuestraron-al-menos-a-9-operadores-electorales-del-pri-y-morena-en-sinaloa/ Consultado 20 de octubre de 2022.

22 https://www.noroeste.com.mx/culiacan/actos-de-violencia-empanan-jornada-electoral-en-sinaloa-LJ1038827 Consultado 20 de octubre de 2022.

23 https://www.debate.com.mx/culiacan/Fiscalia-de-Sinaloa-abre-44-carpetas-de-investigacion-durante-el-proceso-electoral-20210611-0086.html Consultado el 21 de octubre de 2022

del exgobernador Mario López Valdez[24] que, igualmente, y aun siendo militantes del partido gobernante, no han sido motivo de investigación para encontrar a los responsables materiales e intelectuales.

La tabla siguiente muestra los resultados de siete de los dieciocho municipios del estado donde ocurrieron hechos violentos antes, durante y, en uno de ellos, después de los comicios (Sinaloa). Están municipios limítrofes con Nayarit y Sonora; municipios costeros y serranos; municipios urbanos y rurales; municipios ricos y municipios pobres. Es decir, los grupos del crimen organizado no hacen distingo a la hora de velar por sus intereses y preferencias. Sin embargo, los resultados fueron abrumadoramente a favor de la coalición Juntos Hacemos Historia, conformada por los partidos de Morena y PAS, que gana seis de los siete municipios en cuestión. Sin embargo, como podemos apreciar, hay diferencias cuantitativas en el margen de victoria entre el primer y segundo lugar. Ahome y Escuinapa tuvieron elecciones con resultados cerrados que, si existiera la desaparecida cláusula de nulidad abstracta en el diseño electoral, probablemente se hubieran repetido los comicios. Especialmente en Escuinapa, donde la diferencia fue menos del 2% entre los principales competidores. Ahora bien, tenemos los resultados sorprendentes de Concordia, donde el candidato de Morena-PAS ganó con una diferencia de casi el 54%, siendo que es uno de los municipios donde el PRI y el PAN se han alternado en el poder en los últimos veinte años. Igual ocurre en el municipio de Sinaloa, donde la diferencia no fue tan significativa, pero muestra resultados atípicos vinculados a la intervención del crimen organizado.

---

24 https://riodoce.mx/2021/07/27/el-asesinato-de-dos-lideres-politicos-y-sociales-en-el-municipio-de-sinaloa/ Consultado el 21 de octubre de 2022.

Tabla 4

Resultados electorales en los municipios con violencia electoral en 2021

| Municipio | Coalición ganadora | Margen de victoria (%) | Participación/ Abstencionismo (%) |
|---|---|---|---|
| AHOME | Juntos Hacemos Historia | 3.7 | 47.8/52.2 |
| BADIRAGUATO | Juntos Hacemos Historia | 7.5 | 59.8/60.2 |
| CONCORDIA | Juntos Hacemos Historia | 53.8 | 51.1/58.9 |
| CULIACÁN | Juntos Hacemos Historia | 5.2 | 45.6/54.4 |
| ESCUINAPA | Juntos Hacemos Historia | 1.54 | 57.3/42.7 |
| GUASAVE | Juntos Hacemos Historia | 12.7 | 46.8/53.2 |
| SINALOA | PRI | 18.9 | 41/49 |

Fuente: Elaboración Propia con cifras del IEES.

El otro indicador es el de la abstención que rondó en torno al 51% en promedio tomando como base la elección de gobernador, un porcentaje que no dista mucho de los niveles de participación en comicios anteriores.

La participación en las dos últimas elecciones para gobernador estuvo prácticamente en los límites del 50% de la lista nominal. En 2016 fue del 49.7% y, también estuvo activo el crimen organizado, mientras en 2021 fue el de 49.87%. Evidentemente, no podemos concluir que la violencia explica absolutamente el comportamiento, pero no deja de ser una variable para valorar en las actitudes políticas de los ciudadanos.

Podemos apreciar en la tabla 4 que es en los centros urbanos (Ahome, Guasave y Culiacán) donde existe una mayor desafección política, lo que implica una baja en la participación ciudadana. En tanto, en las zonas rurales aumenta sensiblemente la participación.

*Grosso modo,* en los centros urbanos existen mayores niveles de información y nivel educativo, lo que teóricamente debería animar más la participación, pero eso no sucede en Sinaloa. La mayoría de los sinaloenses en escenarios violentos prefiere no tomar riesgos y decide dejar la decisión a otros, a los que sí tienen incentivos para hacerlo.

En los municipios rurales o semirrurales, con niveles de información y educación teóricamente más bajos, los ciudadanos más fácilmente acuden a las urnas y votan. Se dirá que lo hacen por el clientelismo que está detrás de los programas sociales del gobierno federal, pero esta variable, si bien puede explicar el comportamiento electoral de un sector de esa población no llega a explicarlo todo, sobre todo porque la participación frecuentemente está asociada a la vida comunitaria, a las redes familiares y amistosas.

Pero, incluso, que voten en el mejor de los casos 6 de cada 10 inscritos de la lista nominal no es un dato sobresaliente; indica un cierto grado de desafección política digno de otro tipo de estudio de comportamiento electoral. Ahí mismo, los ciudadanos valoran en clave de incentivos y riesgos, lo oportuno que pueda resultar participar o no en una convocatoria en una elección de representantes políticos.

¿Qué características sociodemográficas tienen los municipios donde se escenificaron los mayores hechos violentos?

Ahome está situado en la llanura costera del Pacífico y es la entrada del Golfo de California ubicado en el corazón de una rica región agrícola del Valle del Fuerte. Limita al norte con Sonora y al este con el municipio de El Fuerte. Es el tercer municipio más poblado del estado con 459 310 habitantes, de acuerdo con el Censo de Población de 2020, y tiene como cabecera municipal a Los Mochis, donde viven dos de cada tres de ellos.[25]

Así mismo, limítrofe con Sonora, es el tercer municipio en importancia económica del estado y un importante puente comercial con el noroeste y el sur de Estados Unidos. Cuenta, además, con el puerto de Topolobampo y conexión aérea y terrestre con el resto del territorio nacional y en particular, hacia la zona serrana

---

25 https://es.wikipedia.org/wiki/Municipio_de_Ahome Consultado el 21 de octubre de 2022.

de los municipios de El Fuerte, Choix y Sinaloa. Tiene, también, una economía agrícola privada y ejidal potente que lo ha llevado a ser considerado uno de los grandes productores de alimentos del país. Los Mochis fue refugio de Joaquín *El Chapo* Guzmán y el lugar donde fue detenido por tercera vez el 8 de enero de 2016.[26] Escenario de una fuerte disputa entre el Cártel de Sinaloa y los restos de lo que fue el de los hermanos Beltrán Leyva, durante la jornada electoral del 6 de junio de 2021.

Badiraguato se encuentra localizado al noreste del estado, limita al noroeste con el municipio de Sinaloa, al oeste y suroeste con el de Mocorito, al sureste con el municipio de Culiacán, al este con el estado de Durango, en particular con el municipio de Tamazula, y al noreste con el municipio de Guadalupe y Calvo del estado de Chihuahua. Tiene una población de 29 999 habitantes distribuidos en 581 localidades y caseríos de acuerdo con el Censo de Población de 2020.[27]

Y pese a que es conocido en el mundo como «cuna de narcotraficantes poderosos» es uno de los municipios más pobres del estado y con las más bajas contribuciones al PIB estatal. Está ubicado en el llamado «triángulo dorado», donde colindan Sinaloa, Chihuahua y Durango, y que tradicionalmente ha sido una región productora de mariguana y amapola, cuyo nombre el nuevo gobierno busca cambiar por el de «Triángulo del Bienestar». Actualmente se construye una carretera interestatal que conectará a Badiraguato con Guadalupe y Calvo, Chihuahua, con la que sus promotores federales y estatales buscan sea un detonante económico de las comunidades serranas del estado de Sinaloa y Chihuahua. Se complementa con la carretera Culiacán-Parral. Ambas abren un camino estratégico con la región sur de los Estados Unidos de Norteamérica.

---

[26] https://www.debate.com.mx/mexico/Detienen-a-Joaquin-El-Chapo-Guzman-Pena-Nieto-20160108-0084.html Consultado el 21 de octubre de 2022.

[27] https://es.wikipedia.org/wiki/Municipio_de_Badiraguato Consultado el 21 de octubre de 2022.

El municipio de Concordia se ubica en la parte sur del estado y limita al norte con el municipio de Mazatlán, al sur con el municipio de Rosario, al este con el estado de Durango, y al oeste con el municipio de Mazatlán y el municipio de Rosario.[28] Su cabecera es la ciudad homónima. Según el censo del 2020 tenía una población de 28 493 habitantes en sus ocho sindicaturas distribuidas en la cabecera municipal homónima.

Antiguamente, las sindicaturas de Copala y Pánuco fueron centros mineros. Famosos por la producción de muebles de madera es también un municipio marcado por la pobreza de sus habitantes y por ser quizá el mayor generador de desplazados por la violencia criminal. Enclavado en las estribaciones de la Sierra Madre Occidental es puerta de salida al estado de Durango a través de la imponente autopista Mazatlán-Durango que conecta la región centro-norte del país con la costa sinaloense y es el más vivo contraste entre el progreso y el atraso sinaloense.

El municipio de Culiacán se extiende desde la costa en el Golfo de California hasta los límites con Durango en la Sierra Madre Occidental, tiene una extensión territorial de 4758 kilómetros cuadrados que representan el 8.16% de la extensión total del estado, siendo el tercero por su territorio. El municipio de Culiacán se encuentra localizado en el centro del estado de Sinaloa y se extiende desde la costa en el Golfo de California hasta los límites con Durango en la Sierra Madre Occidental.[29]

Su cabecera municipal es la ciudad de Culiacán Rosales, capital del estado de Sinaloa. Cuenta con una actividad económica muy dinámica y se ha transformado en uno de los centros de negocios más importantes del noroeste del país. Es el centro político y sede de los poderes del estado y la región es un emporio agrícola, comercial y financiero de primer orden en

---

28 https://es.wikipedia.org/wiki/Municipio_de_Concordia Consultado el 21 de octubre de 2022.

29 https://es.wikipedia.org/wiki/Municipio_de_Culiac%C3%A1n Consultado el 27 de octubre de 2022.

el noroeste del país. Residencia del Cártel de Sinaloa y famoso por los llamados coloquialmente «culiacanazos» que estremecieron al país el 17 de octubre de 2019 y el 5 de enero de 2023 (con menos visibilidad), además del ataque militar y policial ocurrido el 9 de febrero en la sindicatura de San Francisco de Tacuichamona para detener un capo y a su guardia del Cártel de Sinaloa.

El municipio de Escuinapa es puerta de entrada y salida de Sinaloa por el sur del estado y famoso por su extensa costa, esteros y granjas camaroneras, con una economía camaronera y frutícola de gran envergadura. Tiene al noroeste al municipio de El Rosario, al suroeste el océano Pacífico y al sur el estado de Nayarit. El más importante de los caminos locales es el que une a Escuinapa-Teacapán con la carretera México-Nogales, con una longitud de 70 kilómetros. La autopista de doble carril Mazatlán-San Blas también atraviesa este municipio.[30] Cuenta con una población de 54 131 habitantes, de acuerdo con el censo de 2020, distribuidos en diez sindicaturas.

Guasave es el único municipio sinaloense mayoritariamente llano, ya que las únicas elevaciones del municipio son islas o cerros costeros que rodean las bahías de Navachiste y San Ignacio. Colinda al noroeste con el municipio de Ahome, al este con Salvador Alvarado, al sureste con Angostura y al oeste con el Golfo de California. Su población es de 320 000 mil habitantes de acuerdo con el Censo de Población de 2020.[31]

Es un municipio eminentemente agrícola del norte del estado donde existe una fuerte actividad económica y ha sido escenario de disputas por su control criminal. Con salida al mar y puerta de salida hacia la Sierra Madre Occidental constituye un punto de encuentro privilegiado para movilizarse entre la costa, los valles

---

30 https://es.wikipedia.org/wiki/Municipio_de_Escuinapa Consultado el 27 de octubre de 2022.

31 https://es.wikipedia.org/wiki/Municipio_de_Guasave Consultado el 27 de octubre de 2022.

y la serranía. Además, la cabecera municipal Guasave es cruzada por la carretera internacional, lo que permite los desplazamientos hacia el norte y al sur del estado como también a los caminos que comunican con las poblaciones serranas.

Sinaloa es un municipio ubicado al norte del estado, limita al norte con los municipios de El Fuerte y Choix; al sur con los de Salvador Alvarado, Mocorito y Badiraguato; al poniente con el de Guasave y al oriente con el estado de Chihuahua. Su cabecera municipal es la Villa de Sinaloa de Leyva.[32] Es parte del territorio del llamado «triángulo dorado» y es de los municipios más pobres del norte del estado. Con una economía de subsistencia basada en la agricultura de temporal y una cadena de pequeños pueblos y rancherías que lo hacen atractivo como santuario y refugio de grupos criminales.

¿Quiénes son los candidatos que obtuvieron los triunfos en los municipios con mayor visibilidad violenta?

Gerardo Vargas Landeros obtiene el triunfo en las elecciones municipales de Ahome en medio de la borrasca política. Su trayectoria política tiene como origen «al Partido Revolucionario Institucional (PRI) en 1980. De 1985 a 1988 fue suplente de diputado federal del PRI en la LIII Legislatura. De 1984 a 2000 ocupó varios cargos dentro de la administración del partido. Del 1 de septiembre de 2006 al 30 de agosto de 2009 fue diputado federal en la LX Legislatura del Congreso de la Unión en representación del distrito 2 del estado de Sinaloa. Dentro del congreso fue secretario de la Comisión de Seguridad Pública. A pesar de ser miembro del PRI, apoyó al candidato del Partido Acción Nacional y el Partido de la Revolución Democrática, Mario López Valdez, como candidato a gobernador de Sinaloa para el periodo 2011-2017».[33] Gracias a ese apoyo político fue

---

32 https://es.wikipedia.org/wiki/Municipio_de_Sinaloa Consultado el 27 de octubre de 2022

33 https://es.wikipedia.org/wiki/Gerardo_Vargas_Landeros Consultado 20 de octubre de 2022

secretario de Gobierno en el Estado de Sinaloa durante esa administración estatal.

José Paz López Elenes, alcalde de Badiraguato, inició su carrera política en las filas del PRI y burocrática en la UAS, donde ocupó cargos cercanos al rector Gómer Monárrez. Es licenciado en Derecho, cuenta con una maestría en amparo y es doctor en Derecho por la Universidad de Durango.[34] Su triunfo electoral coincide con el secuestro del hermano de la candidata de la coalición Va por Sinaloa para que renunciara a la postulación del mismo cargo. Ya en el ejercicio del poder tomó la polémica decisión de invertir de los recursos municipales 16 millones de pesos en la construcción del Museo del Narcotráfico bajo el argumento falaz «para impulsar el turismo en Badiraguato»,[35] es decir, convertirlo en un lugar de culto como sucede con el caso de la capilla de Jesús Malverde en Culiacán, «el santo patrono del narco».[36] La propuesta recibió el rechazó público del gobernador Rubén Rocha Moya y de actores sociales y políticos. El proyecto se encuentra archivado.

Raúl Díaz Bernal, alcalde de Concordia, profesor de 1985 a 1998, secretario del Ayuntamiento de 2005 a 2007, alcalde de Concordia de 2008 a 2010 y supervisor escolar de escuelas primarias.[37]

---

34 https://www.badiraguato.gob.mx/2022/01/06/mtro-jose-paz-lopez-elenes/ Consultado 20 de octubre de 2022.

35 https://riodoce.mx/2022/11/03/construyen-museo-del-narco-en-badiraguato-expondra-objetos-del-chapo-el-mayo-y-caro-quintero/?fbclid=IwAR3AwS_FUSK4JiYtVCQ-JV59nVp0Udan68l-F86HdMLgEh5bKtJGOoYUPC6w Consultado el 2 de noviembre de 2022. Consultado 20 de octubre de 2022.

36 https://www.milenio.com/estados/asi-es-la-capilla-de-jesus-malverde-en-culiacan-fotos

37 https://www.laopcion.mx/noticias/34mi-objetivo-es-tener-un-mejor-concordia34-raul-diaz-bernal-20220402-87643.html Consultado 20 de octubre de 2022.

Jesús Estrada Ferreiro, alcalde de Culiacán desaforado. «Se inició en la política durante el año 2013, cuando fue postulado por la coalición Unidos Ganas Tú como candidato a diputado local por el distrito 13, con sede en la ciudad de Culiacán, donde fue derrotado al obtener el 23.52% de la votación. Después de la jornada electoral, Estrada Ferreiro señaló al ganador de la elección, Manuel Osuna, de haber incurrido en fraude electoral por presunto acarreo y compra de votos. Dos años después sería postulado por Morena como candidato plurinominal a diputado federal. Un año después, durante las elecciones estatales de Sinaloa de 2016, logró la candidatura morenista al gobierno del estado obteniendo el cuarto lugar. Pese al resultado, logró superar las expectativas del partido para mantener el registro en el estado.

> En 2018 nuevamente concurre a las elecciones estatales, ahora como candidato a la presidencia municipal de Culiacán, donde resultó electo tras haber obtenido 170 600 votos, equivalente al 43.94% de los sufragios emitidos, derrotando al alcalde con licencia Jesús Antonio Valdés Palazuelos, quien buscaba la reelección. Tomo protesta del cargo el 1 de noviembre de 2018.
>
> Durante las elecciones estatales de 2021, Estrada Ferreiro se convirtió en el primer alcalde en ser reelecto para el cargo durante tres años más, con una victoria contundente sobre su más cercano adversario Faustino Hernández Álvarez.[38]

Blanca Estela García Sánchez, sin trayectoria política visible se convirtió en la primera alcaldesa en la historia de Escuinapa para el periodo 2021-2022 y es militante del Partido Sinaloense.

Martín Ahumada Quintero, alcalde de Guasave, sin trayectoria política, aunque hermano del extinto Audómar Ahumada

---

[38] https://es.wikipedia.org/wiki/Jes%C3%BAs_Estrada_Ferreiro Consultado 20 de octubre de 2022.

Quintero, dirigente histórico de la izquierda sinaloense. El hoy alcalde «fue director del Hospital General de Zona Número 32 del Instituto Mexicano del Seguro Social (IMSS) en Guasave durante 13 años y dejó el cargo en 2018 por su jubilación. En 2020 asumió el cargo como secretario técnico del Consejo Municipal para la Mitigación de los Efectos del Covid-19».[39]

Rolando Mercado Araujo es el alcalde del municipio de Sinaloa, médico y militante priista que llega a la alcaldía en medio de la disputa de los cárteles por esta posición estratégica por su ubicación geográfica.

Finalmente, hay una nueva distribución del poder en los municipios, Morena y el PAS dominan en dieciséis de los dieciocho ayuntamientos; la coalición Va por Sinaloa cinco segundos lugares y dos terceros; el otrora todopoderoso PRI solo en uno alcanza el primer lugar, cuatro segundos lugares y dos terceros; el PAN continuó su caída con únicamente dos segundos lugares donde postuló candidatos a alcaldes; llama la atención que, además del triunfo del PRI en el municipio de Sinaloa, está el triunfo del Morena-PAS en Mazatlán, el del PT en Elota, el del PES en San Ignacio. Aparentemente es una muestra de una singular pluralidad política en la escena sinaloense, sin embargo, podría ser también la utilización de las marcas electorales para que grupos de interés, incluso del crimen organizado, alcancen posiciones de poder en aquellos municipios estratégicos para el trasiego de drogas, pero, también, para convertirlos en una suerte de santuarios para los capos y sus familias.

---

[39] https://www.debate.com.mx/martin-ahumada-quintero-p303 Consultado 20 de octubre de 2022

Tabla 6

Distribución del poder en los municipios

| Ayuntamientos del estado de Sinaloa | Resultados | | |
|---|---|---|---|
| **Partido** | **Votos** | **Porcentaje** | **Ayuntamientos** |
| Movimiento Regeneración Nacional | 394 837 | 36.16 % | 9/18 |
| Partido Revolucionario Institucional | 277 559 | 25.42 % | 1/18 |
| Partido Acción Nacional | 88 865 | 8.14 % | 0/18 |
| Partido del Trabajo | 79 300 | 7.26 % | 1/18 |
| Partido Sinaloense | 73 815 | 6.76 % | 6/18 |
| Movimiento Ciudadano | 50 665 | 4.64 % | 0/18 |
| Partido Verde Ecologista de México | 23 139 | 2.12 % | 0/18 |
| Fuerza por México | 20 457 | 1.87 % | 0/18 |
| Partido de la Revolución Democrática | 20 241 | 1.86 % | 0/18 |
| Partido Encuentro Solidario | 18 385 | 1.68 % | 1/18 |
| Redes Sociales Progresistas | 12 461 | 1.14 % | 0/18 |
| Candidaturas independientes | 1 520 | 0.14 % | 0/18 |
| Candidatos no registrados | 641 | 0.06 % | — |
| **Total de votos válidos** | **1 061 244** | **97.19 %** | **18** |
| **Votos nulos** | **29 953** | **2.75 %** | |
| **Total, de votos emitidos (participación)** | **1 091 838** | **48.48 %** | |
| **Habitantes inscritos** | **2 252 107** | | |
| **Instituto Electoral del Estado de Sinaloa.** | | | |

Fuente: Instituto Electoral del Estado de Sinaloa.

Ahora bien, en los siete municipios donde hubo manifestaciones de violencia criminal cuatro de ellos se encuentran en la región centro norte y norte del estado. En seis de los municipios, la coalición Juntos Hacemos Historia se ungió con el triunfo y solo en uno ganó otro partido (PRI). Los niveles de abstencionismo en cuatro de ellos fueron entre 50 y 60% de la lista nominal y en el resto, entre el 40 y 50%. En el municipio de Sinaloa el abstencionismo fue el más alto, con prácticamente el 59% de la lista nominal y el más bajo en Escuinapa con 42.70%. Además, el margen de victoria, es decir, la diferencia entre el primer y segundo lugar va del 53.83%, ocurrió en Concordia, al 1.54% en Escuinapa. Llama la atención que la mayor abstención haya sido en el municipio que tiene el mayor problema de los desplazados por razones de violencia, donde el día de la jornada electoral se implementaron secuestros para evitar la operación electoral especialmente de los partidos de la coalición Va por Sinaloa. No obstante durante esta operación contra el derecho de votar y ser votado en los municipios de Ahome, Culiacán y Escuinapa, la gente salió a votar venciendo el miedo que podría generar una atmósfera marcada por la violencia criminal y se polarizó la elección de los alcaldes por el margen de victoria. Se trata de Ahome con (3,71), Culiacán (5.19) y Escuinapa (1.54), respectivamente.

En suma, la disputa política y criminal de los municipios que apostaron por «sus candidatos», alcanzó niveles escandalosos por la cantidad de violencia que se manifestó de distintas maneras, marcando la calidad de las elecciones con su cuota de abstencionismo, producto, quizá, porque un sector importante de la población decide no correr los riesgos de participar bajo una atmósfera de violencia. Las autoridades judiciales y electorales no garantizaban más que formalmente el derecho de votar y ser votado en condiciones de un libre ejercicio de emisión del voto y es que, sorprendentemente, las manifestaciones de violencia se dieron en absoluta impunidad, lo que significa que las fuerzas de seguridad del Estado y las instituciones garantes de la institucionalidad simple y sencillamente no cumplieron con su papel constitucional más allá de operativos de disuasión, como ha sido la estrategia de seguridad pública, lo cual representa un debilitamiento notorio de la democracia electoral.

# IV. Las elecciones de 2021: perturbaciones e incentivos

Es un lugar común decir que los comicios en las sociedades democráticas son una rutina civilizatoria donde mediante la emisión de los votos se refrendan los principios de convivencia social y política. Sin embargo, para que ello suceda, es indispensable que las reglas del juego estén sujetas al arbitraje institucional como también a la lealtad de los participantes con las reglas y el juego democrático. La ausencia de estos mínimos de convivencia podría provocar, en mayor o menor medida, perturbaciones sistémicas. En el caso de las elecciones del verano de 2021 tenemos tres tensiones que estuvieron presentes no solo en Sinaloa, sino también en otros estados de la costa del Pacífico:

1. El órgano electoral, si bien convocó a las elecciones en tiempo y forma, rápidamente vio sus límites organizacionales para evitar que los comicios se celebraran en un contexto de violencia, sea por la falta de competencias en materia judicial o por no llevar la evidencia ante las instituciones de justicia;

2. Los partidos políticos, los jugadores por excelencia en democracia, estuvieron en una doble tesitura sea porque se consideraban beneficiados en el juego de a «agua revuelta, ganancia de pescadores» o al ver sometidos a sus dirigentes y candidatos a las presiones que ejercían los grupos criminales en sus procesos internos, estaban prácticamente a merced de lo que actores criminales buscaban para imponer su voluntad y sus intereses; y

3. Los actores criminales actuaron, en las distintas etapas del proceso electoral, en absoluta impunidad a lo largo y ancho del estado, sin que las instituciones encargadas de la impartición de justicia representaran un obstáculo, una garantía

para que el proceso de renovación de los poderes electos transitase conforme a las reglas establecidas.

Esto significó que las perturbaciones normales en todo proceso electoral escalaran a un escenario de constante violencia contra las instituciones y, a la larga, contra la voluntad de los ciudadanos, sin que el sistema de seguridad y los reguladores de conflicto cumplieran sus funciones estabilizadoras como son los propios partidos, los gobiernos municipales, el Congreso del Estado o las organizaciones de la sociedad civil.

Y esa ausencia ostentosa dio luz verde para que los actores criminales se movieran con absoluta libertad, imponiendo su dinámica coercitiva que reducía la energía institucional. La demanda que hacían la opinión pública y algunos dirigentes políticos era que había que reforzar la seguridad de las instituciones y, en el caso de los partidos políticos, la de sus militantes y candidatos.

La respuesta a estas acciones fue lenta y burocrática y, en el mejor de los casos, mediática, lo que significó una nula efectividad en la respuesta institucional. No se conocieron detenciones de miembros de esos grupos criminales, ni siquiera en aquellos eventos donde hubo acciones abiertas y violentas al presionar a candidatos para que renunciaran a nominaciones o «reventar» reuniones partidarias (Badiraguato y Concordia), secuestros y amedrentamiento de operadores electorales (Culiacán, Mazatlán y Badiraguato), asalto a casillas, trifulcas entre activistas partidarios y criminales y robo de urnas (Ahome) y, peor aún, ni siquiera donde ocurrieron asesinatos políticos (Sinaloa).

Ni antes, ni durante, ni después del proceso electoral. «No había nada que hacer jurídicamente», «golpe dado ni dios lo quita», eran expresiones que escuchamos de algunos excandidatos, dirigentes partidarios y observadores políticos.

El capítulo Sinaloa de estas elecciones se cerraba y, con ello, se legitimaban los resultados, quedando todo aquello como parte de un anecdotario electoral que lejos, muy lejos, estaba de ser un ejemplo de calidad democrática donde se cumpliera el Estado de derecho y la rendición de cuentas de los organismos electorales y los encargados de impartición de justicia.

El principio lógico de que toda acción trae consecuencias se cumpliría a pie juntillas, pues se generó la representación política que marca la Constitución y la ley electoral. Hay gobernador, alcaldes, diputados federales y locales, síndicos procuradores y regidores en los 18 municipios, lo que significa una singular normalidad democrática donde algunos de los beneficiarios de todas aquellas acciones, en lugar de haber rendido declaración ante la fiscalía, tienen fuero constitucional y están tomando decisiones públicas en nombre de los votos obtenidos el 6 de junio de 2021.

¿Pero qué pasó con el ciudadano de a pie al ejercer su voto en estas condiciones impropias para un ejercicio democrático? Ya hablamos de las condiciones mínimas que deben existir para el ejercicio de una democracia efectiva en materia electoral, y muchos de los indispensables y mínimos que señala Robert Dahl, no se cumplieron; por el contrario, la acción criminal terminó por negarlos en los hechos e impuso, en medio de la formalidad institucional, su voluntad poniéndose por encima de la que debiera emerger de los votos ejercidos en conciencia y en absoluta libertad.

Y no podría ser de otra forma. Sea por el modelo electoral que fijó unas formas de ejercer el voto donde el ciudadano estuvo acotado a lo que el sistema electoral le ofrecía en materia de opciones para votar, pero, sobre todo, en materia de generación de la representación política. Es decir, la fórmula de conversión de votos en escaños o regidurías.

Mas, no solo eso: el contexto de violencia que se vivió en estas elecciones —aunque se argumente, insensatamente, señalando que está normalizada— provocó una percepción en el ciudadano. La cercanía física con la violencia en varios municipios, desde que empezó la definición de candidatos o que estaba en la atmósfera mediáticamente, fueron moldeando una percepción sociológica que tenía que ver con los incentivos de participar o no en el proceso electoral.

La operación impune de los grupos prefiguraba la calidad que tendría la elección, pero, también, los resultados que se obtendrían por las «buenas o por las malas». Es decir, los incentivos que había para la participación iban a la baja en la medida en que la operación criminal iba al alza, sin que ninguna institución pública tuviera interés en detenerla.

El dilema del prisionero del modelo electoral y la acción criminal estaban a la vista. El dilema entre participar y no participar estaba latente por la prefiguración adelantada de los resultados y los riesgos que representaba hacerlo en un contexto tóxico marcado por la pandemia, el desaseo y la falta de acción institucional contra la violencia criminal.

Es donde cobra importancia el nivel de la participación ciudadana que en la elección de gobernador no alcanzó el 50% de la lista nominal. El otro 50% decidió, al menos en parte, no asistir a las urnas, molesto, quizá en mucho, porque lo que estaba viendo no le gustaba y lo volvía una suerte de prisionero de un sistema formal e informal que determinaban las dinámicas a obedecer o rechazar por parte de los ciudadanos.

Y esa atmósfera podría haber sido peor, pero no lo fue, porque todavía el electorado estaba bajo los efectos emocionales del tsunami obradorista y, ese, era un incentivo poderoso para participar en los comicios apoyando la causa justiciera del presidente López Obrador a través de los candidatos morenistas y pasistas, lo que significaba metabolizar con una dosis de esperanza la acción irruptora de los violentos.

Se podrá argumentar que, además del incentivo que provoca el líder carismático y su programa justiciero, está aquello de que en sociedades como la sinaloense, donde la violencia social es crónica, agregarla a la política es mero trámite. Es una suerte de puerta giratoria por donde transita el crimen, ya que no distingue a sus destinatarios por sus credenciales o profesiones.

Simple y llanamente hace lo que tiene que hacer para lograr sus fines.

Así mismo, destaca el papel del Partido Sinaloense (PAS), que tenía en ese momento una estructura operativa disciplinada en los 18 municipios del estado que no tenía Morena, lo que le habilitó a la coalición Juntos Hacemos Historia un ejército de activistas que, sumados a los llamados «siervos de la nación» de anclaje morenista, superaron con creces la operación de la oposición. Además, ya habían transcurrido tres años del triunfo espectacular de López Obrador y los programas sociales estaban cumpliendo su tarea clientelar, lo cual provocaba reacciones favorables a la coalición.

En suma, las elecciones concurrentes de 2021 no solo son una nueva alternancia en el poder —«por la izquierda», dirán los más entusiastas obradoristas—, sino un proceso electoral que reafirma la complejidad del sistema político sinaloense, al menos desde las tres últimas elecciones cuando en 2010, el PAN junto con el PRD y MC llevaron al poder a Mario López Valdez; en 2016, el PRI con sus aliados del PVEM hicieron gobernador a Quirino Ordaz Coppel y en 2021 Morena y su aliado el PAS llevaron a la gubernatura a Rubén Rocha Moya.

La cada vez más ostensible participación de los agentes del crimen organizado en los procesos electorales y, subsecuentemente, en la configuración de la representación política podría estar perfilando la silueta de un narco-Estado, donde el ciudadano está siendo relegado, reducido a simple espectador sin decisión, para influir a través de su voto en las decisiones públicas.

# *V. Relaciones Ejecutivo-Legislativo*

El segundo tsunami electoral en Sinaloa no solo logró el triunfo amplio del candidato a gobernador, sino también de su aliado, el Partido Sinaloense, que alcanzaron juntos 28 de los 40 escaños que integran el Congreso del Estado. Además, Morena y el PAS obtuvieron 16 de las 18 alcaldías del estado,[1] solo los municipios de Sinaloa (PRI) y San Ignacio (PES) quedaron en manos de la oposición.

El sistema de coaliciones con el PAS técnicamente le permitiría al nuevo gobierno estatal tener mayoría calificada, lo que representa gobernar en óptimas condiciones. Sin embargo, muy pronto afloraron contradicciones entre el gobernador Rubén Rocha Moya y Héctor Melesio Cuén, el líder del PAS, quien se desempeñaba en el gabinete como secretario de Salud en el estado por su experiencia en materia de salud (es un empresario pionero en ciertos servicios de laboratorio en la capital del estado) y, además, cuenta con una influencia importante en la conducción de la Universidad Autónoma de Sinaloa.

La tensión entre ambos personajes terminó con la salida de Cuén Ojeda del Gabinete de Salud[2] y, con él, de todos los funcionarios militantes de su partido, lo que significó retomar las riendas partidistas donde realiza una gran actividad para fortalecer la estructura partidaria y ponerla al servicio de las aspiraciones políticas de Adán Augusto López Hernández, el entonces secretario de Gobernación, quien buscaba ser el candidato de una nueva

---

1 Morena y el PAS triunfaron con candidaturas comunes en 14 de 18 municipios, entre ellos los más poblados; Morena fue solo en uno y triunfó en Choix; el PRI ganó en el municipio de Sinaloa; PT en el municipio de Elota y el PES en el municipio de San Ignacio.

2 https://www.debate.com.mx/culiacan/Yo-no-me-voy-a-la-calle-tengo-un-reducto-muy-importante-Cuen-Ojeda-20220515-0038.html Consultado 21 de octubre de 2022.

edición de la coalición Juntos Hacemos Historia a la Presidencia de la República. Eso agregaría un nuevo elemento de tensión en la relación entre ambos personajes políticos.

Pero, yendo al tema de las coaliciones legislativas, ya señalábamos que Morena alcanzó en la contienda 20 de los 40 diputados, es decir, no tenía la mayoría absoluta. Esto obligó a poner en operación una política de atracción de diputados del PAS, con lo que la fracción alcanzó 23 diputados, pero también de alcaldes, como sucedió en los municipios de Rosario[3] y Mocorito,[4] y está solo a cuatro diputados para tener mayoría calificada en el Congreso del Estado. Aquí, en un escenario de coaliciones legislativas para llevar a cabo reformas constitucionales, la fracción de Morena tiene como posibles aliados a los ocho diputados del PRI, a los cinco diputados del PAS, pues ha dicho su coordinador que mantendrán el dialogo para construir acuerdos;[5] y, como tercera opción, los dos diputados del PT y el PVEM con los que le bastarían dos votos para contar con los suficientes para reformar la Constitución.

---

3 https://riodoce.mx/2022/03/14/renuncia-al-pas-claudia-valdez-alcaldesa-de-rosario/ Consultado 21 de octubre de 2022.

4 https://www.debate.com.mx/sinaloa/guamuchil/La-alcaldesa-Maria-Elizalde-Ruelas-deja-al-PAS-para-unirse-a-Morena-20230206-0011.html Consultado el 28 de febrero de 2023.

5 https://www.noroeste.com.mx/culiacan/el-pas-votara-en-bloque-en-el-congreso-estatal-senala-el-diputado-gene-rene-bojorquez-YF1456991 Consultado 21 de octubre de 2022

Tabla 7

Integración del Congreso del Estado 2021-2024

| Partido | Diputados Mayoría Relativa | Partido | Diputados Representación Proporcional |
|---|---|---|---|
| MORENA | 15 | MORENA | 5 |
| PAS | — | PAS | 8 |
| PRI | 7 | PRI | 1 |
| PAN | 2 | PAN | - |
| PT | — | | 1 |
| MC | — | | 1 |
| TOTAL | 24 | | 16 |

Fuente: Elaboración propia con base en la estadística del Instituto Estatal Electoral del Estado de Sinaloa.

En definitiva, el resultado de la elección de los diputados de la LXIII legislatura fue a favor de la coalición Morena-PAS; sin embargo, las diferencias sobre la conducción de la UAS técnicamente terminaron por descarrilarla en perjuicio especialmente del PAS. El margen de victoria obtenida se ha traducido en un mayor margen de negociación con los grupos parlamentarios incluido el del propio PAS. Esta circunstancia excepcional es el escenario idóneo para llevar adelante el programa progresista que ofreció Morena a los sinaloenses, y un perfil de lo deseable se encuentra en los resultados de 12 años de aplicación del Índice de Desarrollo Democrático 2021 que a continuación expondremos para finalmente realizar el análisis FODA (fortalezas, oportunidades, debilidades y amenazas) de este nuevo gobierno de alternancia.

# *VI. Índice de Desarrollo Democrático 2010-2021*

Leonardo Morlino, en sus investigaciones sobre la calidad de la democracia, ha dicho que esta se mide a través del comportamiento de tres variables: la salvaguarda del Estado de derecho, la transparencia y rendición de cuentas y la capacidad de que la representación política responda (*responsiveness*) a los intereses de los ciudadanos (Morlino 2014).

En el caso que nos ocupa, es evidente que el Estado de derecho está parcialmente en entredicho, ya que, si bien funcionan con mayor o menor eficacia sus instituciones, las electorales no otorgan plenamente las garantías al ciudadano en el momento de votar y ser votado, al menos no en los siete municipios que son analizados en este ensayo de investigación y que tienen soporte periodístico, aunque *la vox populi* amplía el espectro territorial y político.

La transparencia y la rendición de cuentas por parte de las instituciones electorales ocurre puntualmente soslayando o invisibilizando por razones legales o políticas, o ambas, la violencia criminal en los informes estatales, municipales y distritales que ocurrieron en el proceso electoral contra partidos, dirigentes, representantes políticos, candidatos, ciudadanos, incluso, contra las autoridades electorales.

Basta un vistazo al portal web del Instituto Electoral del Estado de Sinaloa para dar cuenta de que no existe una ventanilla destinada a registrar evidencia de que se cometieron agresiones al proceso electoral y contra los jugadores en competencia. Y si no hay evidencia, para esta instancia simplemente no ocurrió nada anormal, todo fue conforme a lo previsto o, quizá, si ocurrió, se le considera parte del anecdotario electoral o del currículo oculto de elecciones defectuosas, lo que choca con testimonios y trabajos periodísticos consistentes que muestran las violaciones a las leyes electorales y penales.

En cuanto a la responsabilidad de los representantes políticos, si bien cae en otro ámbito y momento en la gestión pública, importa por la calidad de los políticos que surgen de contiendas contaminadas por la violencia y, posteriormente, asumen responsabilidades de representación en las instituciones públicas.

Entonces, si nos ubicamos en un proceso sucesorio y de alternancia por la izquierda, es decir el obradorismo o la llamada Cuarta Transformación, con una oferta política progresista, desde un punto de vista sustantivo significa ir más allá de los procesos electorales y dar pasos firmes para transitar desde una democracia representativa hacia una más amplia e integral, en el sentido cualitativo que le otorga el Índice de Desarrollo Democrático 2021.[1] Es decir, el «proceso por el cual el sistema político, con todos sus actores institucionales y sociales construyen soluciones que le permiten acercarse a los fines de la democracia» que, en última instancia, es elevar los niveles de vida y bienestar de los ciudadanos.

Este índice politológico, que fue puesto en operación en 2010 por los miembros de un conjunto de instituciones académicas y de investigación nacionales[2] y organizaciones de la sociedad civil comprometidas con la construcción democrática de nuestro país,[3] aporta nuevos elementos para pensar lo democrático en

---

1 Índice de Desarrollo Democrático 2021 https://idd-mex.org/ Consultado el 8 de octubre de 2022.

2 Fundación Konrad Adenauer en México, Polilat; Confederación USEM, El Colegio de México y el Centro de Estudios Políticos y Sociales con el apoyo del Instituto Nacional Electoral https://idd-mex.org/que-es-el-idd-mex/ Consultado el 8 de marzo de 2021.

3 Fundación Konrad Adenauer en México, Polilat; Confederación USEM, El Colegio de México y el Centro de Estudios Políticos y Sociales con el apoyo del Instituto Nacional Electoral https://idd-mex.org/que-es-el-idd-mex/ Consultado el 8 de marzo de 2021.

una perspectiva diferente y salir de lo estrictamente electoral y, mejor todavía, ir a contiendas electorales sin contaminación criminal como viene siendo costumbre en nuestras rutinas político-electorales. Y para lograr este propósito mayor, estas instituciones hacen un balance anual de este proceso en los estados de la federación «tanto en sus aspectos institucionales, como en el sistema político en su conjunto y del logro de un mayor desarrollo para la sociedad local».[4]

Sinaloa, de acuerdo con el índice completo, logró un avance moderado entre 2010 y 2020, entre el último año de gobierno de Jesús Aguilar Padilla, todo el sexenio de Mario López Valdez y los primeros cuatro años de Quirino Ordaz, cuyo mandato, dicho de paso, hay que recordar fue de 4 años 10 meses por la armonización electoral federal y estatal que contempló la reforma electoral de 2014. Veamos, en 2010, parte en la escala del lugar 23, para tener sus peores años de desarrollo democrático en el periodo 2012 y 2013, cuando descendió al lugar 29 y 25, respectivamente, y luego sobrevendría una lenta, pero sostenida mejoría en el resto del sexenio de Mario López Valdez.

Ya en el gobierno de Quirino Ordaz se observa que Sinaloa entra al selecto grupo de «alto rendimiento democrático»: Yucatán, Baja California, Aguascalientes, Querétaro, Hidalgo, Tlaxcala, Tamaulipas, Sonora, Nuevo León y Coahuila, ubicándose Sinaloa en el décimoprimer lugar en 2020, con un puntaje de 7022 puntos que está lejos, muy lejos, de los 2670 que tenía en 2012, y superando lo logrado en 2017, cuando alcanza un puntaje de 6844 unidades.

Veamos más detenidamente a Sinaloa a través de cada uno de los indicadores de calidad durante el periodo de estudio para tener claro donde están nuestros activos y donde los pasivos en nuestro desarrollo democrático, nuestras áreas de oportunidad.

---

4 https://idd-mex.org/metodologia/ Consultado el 8 de marzo de 2021.

En el indicador de *democracia de los ciudadanos*, en 2010 solo Guanajuato y Colima se encontraban clasificados con «alto desarrollo democrático», situándose Sinaloa al final de la escala en el lugar 30, con un pésimo puntaje de 3336, solo por encima de Baja California Sur y Chihuahua.

Esa clasificación quizá fue producto de los resultados de las elecciones de 2004, que fueron motivo de un largo, complicado y hasta tramposo litigio poselectoral que terminó beneficiando al candidato del PRI. Sin embargo, en 2020, ya eran cuatro estados los que se encontraban en el selecto grupo de «alto desarrollo democrático» —Hidalgo, Yucatán, Tabasco y Tamaulipas— y donde Sinaloa había logrado mejorar su posición ubicándose en el décimo tercer lugar, aunque en este indicador su mejor año había sido 2017, cuando llegó a ubicarse en el décimo lugar, con un puntaje de 6278 unidades en el grupo de «desarrollo democrático medio».

En tanto, en el indicador de *democracia de las instituciones* de 2010 solo estaban clasificados cuatro estados —Aguascalientes, Baja California Sur, DF y Colima— en el grupo con «alto desarrollo democrático», y Sinaloa se encontraba en el lejano lugar 26, con un puntaje de 4511 unidades, dentro del núcleo de los estados con «desarrollo democrático medio», pero en 2017 había mejorado, ascendiendo al lugar 21 con un puntaje de 3521 unidades, y en 2020 se ubicó en el lugar 11, con un puntaje de 3847 unidades, situado en el grupo de estados con desarrollo bajo.

Un dato que destaca, para fines comparativos, es que, para este último año, ningún estado alcanzó a estar en el selecto grupo de «alto desarrollo democrático», lo cual confirma que la democracia, como forma de relación institucional, es voluble y no es que llegue y se quede para siempre, sino es un proceso dinámico en permanente construcción con sus avances y retrocesos. Depende mucho de la solidez de las instituciones, del dinero invertido en políticas públicas eficaces, de las circunstancias sociales y políticas que les rodean y del comportamiento de los actores sociales, económicos y políticos.

Así lo demuestra la dimensión referida a la *democracia social*, respecto de la cual el estado de Sinaloa, en 2010, se encontraba en el sexto lugar nacional con 7794 puntos con alto desarrollo democrático, y para 2020 había retrocedido dos espacios, ubicándose en el octavo con 7070 puntos, entre los estados de desarrollo democrático medio, lo cual es significativo porque en este año hay un descenso generalizado en la escala, con excepción de Baja California. El estado fronterizo logró el distintivo de ser el único estado de la república con el más «alto desarrollo democrático» del país, bien por sus ciudadanos, pero mal para los del resto del país.

Sinaloa, durante el periodo de gobierno de Quirino Ordaz, tuvo un buen arranque logrando posicionarse en el segundo lugar en 2017, pero en este indicador en 2020 cayó hasta el octavo lugar, lo cual representa un retroceso en los niveles de bienestar y equidad de la población sinaloense, producto de las limitaciones médicas y hospitalarias de la pandemia que en su peor momento tuvo una pérdida del 10% del empleo formal.[5]

Finalmente, en cuanto al indicador de democracia económica, Sinaloa desde 2011 ha tenido una mejoría constante, pues en aquel año se encontraba en el lugar catorce dentro del grupo de «desarrollo democrático medio» con 8970 puntos; para 2017, había escalado al lugar once y finalmente, en 2020, se ubicaba en el noveno lugar con 7570 puntos en el sector de los estados de desarrollo medio. A una distancia media de la Ciudad de México, Nuevo León, Querétaro, Aguascalientes, Durango y Estado de México, que ocupaban los primeros lugares. Entonces, en términos generales, Sinaloa tiene en el periodo de evaluación una mejoría sensible en términos de desarrollo democrático, y eso coincide con las evaluaciones de percepción

---

5 https://www.luznoticias.mx/2020-07-20/sinaloa/sinaloa-pierde-61-mil-empleos-por-coronavirus-c Consultado 15 de marzo de 2021.

positiva que se han hecho de la gestión de gobierno de Quirino Ordaz.[6]

Sin embargo, las conclusiones que arroja este estudio ofrecen varias áreas de oportunidad que el próximo gobierno debería tomar en cuenta para el diseño de políticas públicas destinadas a la participación ciudadana, el mejoramiento de la vida pública y el bienestar de los sinaloenses, sobre todo considerando que Morena y su aliado el Partido Sinaloense no solo tendrán mayoría absoluta, sino también calificada. Bien, en este indicador, Sinaloa escala en 2021 hasta el tercer lugar, con 1228 puntos, lo que para ser el primer año del gobierno obradorista es muy importante en tanto toca los bolsillos de la ciudadanía. En suma, en el primer año de gobierno de Rocha Moya, se le acomodaron las coordenadas en dos de las cuatro dimensiones, lo que exige conservar en lo avanzado y poner énfasis en la democracia de los ciudadanos y las instituciones.

Estas van desde estrategias para estimular la participación ciudadana hasta buscar cómo elevar la recaudación fiscal para obtener más dinero destinado a la inversión en políticas públicas.[7] Dado que es una información muy escueta la que ofrece el estudio de marras, es conveniente robustecerla, como posibles alternativas de solución a los grandes problemas de Sinaloa.[8]

---

6 https://www.debate.com.mx/politica/Municipios-son-mas-exigentes-al-evaluar-a-Quirino-Ordaz-Coppel-20190507-0049.html Consultado el 8 de marzo de 2021

7 Ver https://idd-mex.org/sinaloa-2020/ Consulta: 9 de marzo de 2021.

8 A efectos de este trabajo tomamos como referente dos investigaciones: la del autor, «La política que Sinaloa necesita: sistema electoral, sistema de partidos y buen gobierno", en Ernesto Hernández Norzagaray y Guillermo Ibarra Escobar (2021), *Los grandes problemas de Sinaloa.* Tirant Lo Blanch/Universidad Pedagógica de Sinaloa-Gobierno de Sinaloa; y DataMéxico-Sinaloa, disponible en: https://datamexico.org/es/profile/geo/sinaloa Consulta: 27 de agosto de 2021.

Gráfica 2

Sinaloa: Evolución con el IDD-México

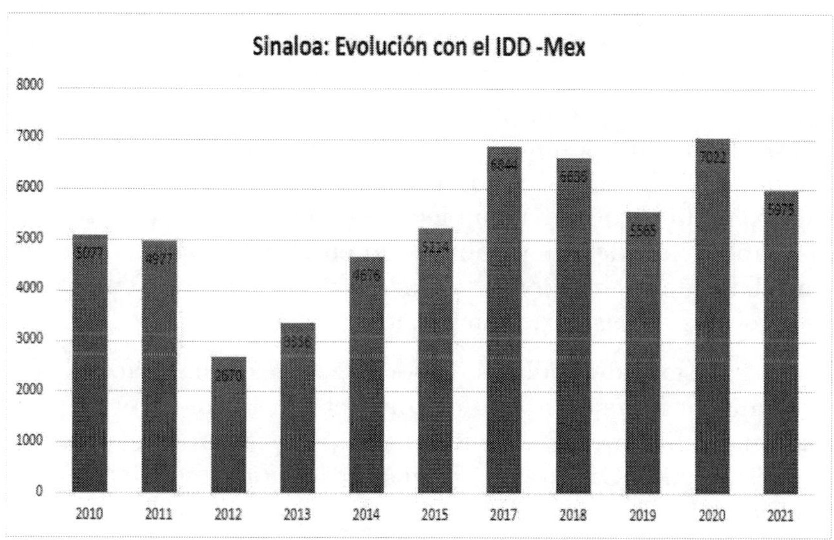


*Fuente*: IDD-México 2022.

Hasta ahora hemos visto la década de 2010-2020. ¿Qué tenemos en el IDD 2021?, ¿cómo empieza Sinaloa en la nueva década y, prácticamente, con el primer gobierno de izquierda en su historia que convocó a un voto en línea por los candidatos de la coalición Juntos hacemos historia?, ¿dónde se encuentran las fortalezas, sus oportunidades, debilidades y amenazas? Veamos que nos dice el nuevo Índice:

El Índice de Desarrollo Democrático 2021 cobra singular importancia porque ocurre en la parte más álgida de la pandemia por COVID-19, cuando la contracción de las principales variables económicas se manifestaba con su secuela en materia de pérdida de empleo y una prueba de fuego para las instituciones de la democracia mexicana. La pandemia afectó en mayor o menor grado a todos los estados. No obstante la estela de muerte y pobreza, la dinámica política aun con tropiezos seguía su curso buscando que los daños fueran menores y había que ir al proceso electoral concurrente que involucraría al INE y las OPLE para atender lo que se ha llamado «las elecciones más grandes y complejas de la historia»,[9] que aun con, y a pesar de la pandemia y la incursión del crimen organizado en las elecciones en varios estados del país, lograron la renovación de casi 20 mil cargos de representación política en el ámbito federal y local. No fue algo fácil, sino extraordinariamente complicado, ante todo, por la atmósfera de polarización e intolerancia, además de los constantes ataques e infamias en contra de las autoridades electorales a las que se le acusaba un día, y otro día también, de tener una actuación parcial en la aplicación de la ley, sobre todo en el momento en que los candidatos de los estados de Guerrero y Michoacán presentaron sus informes de gastos de campaña.

Pese a estas adversidades, la sociedad mexicana salió a votar para ratificar la vía democrática como el mecanismo idóneo para resolver pacíficamente sus diferencias políticas, apoyando así el pluralismo en la Cámara de Diputados, los congresos de los estados y los cabildos municipales.

Afortunadamente, la pandemia no tuvo entre sus víctimas a la frágil democracia mexicana sino, por el contrario, aportó oportunidades a las fuerzas progresistas del país. No obstante, como veremos más adelante, el IDD-Mex 2021 demuestra que no salimos indemnes y que sus efectos fueron severos en 2021, sobre

---

9 Por primera ocasión, en 2021, las 32 entidades federativas concurrieron con la elección federal en la misma jornada electoral. El 6 de junio de ese año, 52.66%de la Lista Nominal de Electores conformada por cerca de 95 millones de mexicanos y mexicanas acudió a alguna de las 162,338 urnas instaladas (99.98% de las aprobadas) para elegir de manera libre y secreta a los 500 diputados que integran la Cámara de Diputados del Congreso de la Unión, a las o los titulares de 15 gubernaturas y 30 congresos locales (integrados por 1063 diputaciones); además, en 30 entidades se renovaron los ayuntamientos, lo que equivale a elecciones en 1923 municipios. En suma, a nivel local fueron electos un total de 3001 cargos de elección popular en todo el país. Este número aumenta si se considera que para cada ayuntamiento se eligen planillas con varios integrantes y algunas entidades consideran cargos auxiliares del municipio con lo que la total llega a 19 915.

todo por el factor sorpresa de la pandemia que encontró a su paso las debilidades estructurales de nuestro sistema de salud. Pero no solo eso, también la implementación de políticas públicas nada acorde con las necesidades que presentaba la nueva circunstancia y que habría de afectar el desempeño de los distintas variables e indicadores.

Basta ver que el IDD-Mex 2021 globalmente cayó 24% con relación al año 2020, lo que significa alcanzar el nivel más bajo desde 2010, cuando se puso en marcha este tipo de exploración sobre la calidad de la democracia. *Grosso modo* lo explica Lorenzo Córdova en la presentación del Índice cuando describe:

> Los reacomodos en las entidades que integran cada uno de los cuatro niveles de desarrollo democrático evidencian el adelgazamiento de los dos niveles superiores y, en contraparte, el ensanchamiento de los niveles clasificados como de bajo y mínimo desarrollo democrático.
>
> Aquí los datos son contundentes: mientras que en 2020 se tenían clasificadas a 22 entidades como de alto y medio desarrollo democrático, para 2021 los estados agrupados en estas dos clasificaciones de mayor desarrollo se redujeron a 12; casi la mitad respecto del año anterior. En cambio, los dos niveles inferiores, los de bajo y mínimo desarrollo democrático, pasaron de 10 entidades en 2020 a 20 en 2021; el doble que un año antes.
>
> Concretamente, mientras que en 2020 fueron clasificadas como de alto desarrollo democrático 11 entidades, para 2021 únicamente quedaron en esta máxima clasificación dos (Yucatán e Hidalgo), las restantes nueve bajaron de nivel. El siguiente grupo, el de desarrollo democrático medio, aunque aparentemente cambió poco numéricamente, ya que agrupa a 10 estados (solamente disminuyó uno respecto de los 11 de 2020), sí cambió de manera relevante las entidades que integran este nivel. De esta forma, ahora estados como Ciudad de México, Aguascalientes y Colima, por

citar algunos, dejaron su clasificación en el nivel más alto, para descender al grupo de desarrollo medio.

Los dos conjuntos siguientes evolucionaron así: el de bajo desarrollo democrático aumentó 200%, ya que pasó de cuatro entidades en 2020 a 12 en 2021 y en el mismo sentido el grupo de mínimo desarrollo democrático, que aumentó de seis entidades a ocho en el mismo periodo.[10]

Hasta aquí lo expuesto por Lorenzo Córdova en su presentación. Si a nivel nacional la pandemia había provocado daños profundos y de largo plazo, en los estados, a cada uno le tocó su parte con mayor o menor contundencia, como podemos apreciar para el caso sinaloense:

Sinaloa —nos dice la interpretación del Índice— registró 5,975 puntos, perdiendo más de 1,100 respecto del año anterior. Su caída resultó menos drástica que la que registraron varios estados que le precedían en 2020. No por mérito propio, sino por el descenso del valor del promedio —ojo, con este matiz—, por eso logró escalar siete lugares en el ordenamiento nacional.

Es la octava vez que Sinaloa califica con desarrollo democrático medio, salvo en 2020, cuando por primera vez pudo posicionarse entre las entidades con alto desarrollo democrático y en 2012 obtuvo mínimo desarrollo. El ascenso de 2021 fue solo en el *ranking*. Su menor puntaje es consecuencia de calificaciones inferiores en Democracia de los Ciudadanos y Democracia de las Instituciones, mientras que en las otras variables registró un incremento con respecto al año anterior. En Democracia Social creció más del doble, obteniendo alto desarrollo democrático, lo que le permitió liderar la dimensión, en tanto que en Democracia Económica casi duplicó la valoración de 2020 y ello lo posicionó en el 4° lu-

---

10 IDD-Mex 2021, 9.

gar de la escala. —Más aún— Sus peores ubicaciones fueron en las dimensiones I (15°) y II (12°).

De acuerdo con su evolución de 2010-2021 la serie no evidenció una tendencia estable en Democracia de los Ciudadanos, en cuanto que inició el IDD-Mex apenas arriba de los 3000 puntos; es decir, en zona de bajo desarrollo, y terminó en 2021 con 4500 puntos, con desarrollo medio. Entre estos años, Sinaloa osciló de puntuaciones de mínimo desarrollo, cercano a los 2000 puntos, a desarrollo medio, mayor a los 6000 puntos, que fue el mejor, obtenido en 2017. La puntuación obtenida en 2021 es inferior a la del 2020 y eso le produce descender dos posiciones en el ordenamiento nacional, sin lograr alcanzar el promedio nacional.

En Democracia de las Instituciones se advierte una tendencia decreciente entre 2010 y 2015, desde aquel año Sinaloa mantuvo un ascenso que cambió en 2019, cuando presentó una caída que continuó en 2021. En promedio, ha oscilado entre los 2000 y los 4000 puntos, lo que significa que es un estado con bajo desarrollo democrático en lo que respecta a la calidad de sus instituciones. Con este resultado de 2021 se colocó por encima del promedio nacional y retrocedió una posición en el *ranking*.

En Democracia Social —continúa—, desde 2010 a la fecha ha mostrado una tendencia estable y positiva, siempre por encima del promedio. Con el resultado de 2021 mejoró su calificación, integrando el conjunto de estados con alto desarrollo. Es la cuarta vez a lo largo de la serie que Sinaloa cambia positivamente su calificación y puntuación en esta dimensión. Desde 2010 a la fecha es la tercera ocasión que califica con alto desarrollo. Tras su registro descendente en 2018 y 2019, se observa un incremento que finalizó este año con la mejor puntuación de México, que le permitió liderar la dimensión.

Su comportamiento —concluye— en Democracia Económica ha sido también constante y positivo, siempre ha sumado puntuaciones por encima del promedio, salvo en 2012, y en general ha calificado con desarrollo democrático medio. Es la primera vez que obtiene un valor de alto desarrollo, que la llevó a posicionarse entre los 10 mejores estados de México.

Analizando los indicadores de cada dimensión, en Democracia de los Ciudadanos destacó en Género en el gobierno y en Condicionamiento de las libertades y derechos por inseguridad, donde se observan valores de alto desarrollo. En el resto de las variables tuvo puntuaciones por debajo de los promedios nacionales, especialmente en Respeto de los derechos políticos, donde ganó una calificación crítica.

En Democracia de las Instituciones —a su vez— su único resultado positivo fue el alcanzado en *Accountability*, tanto legal como política; mientras que en las otras variables reunió valoraciones intermedias, excepto en Desestabilización de la democracia y en Percepción de la corrupción, que ofrecen enormes oportunidades de mejora.

En Democracia Social consiguió puntajes destacados en Desempleo, Población bajo la línea de la pobreza, tasa de mortalidad infantil y tasa de analfabetismo, todos ellos bastante por encima de los promedios nacionales. Sus oportunidades de progreso se registraron en la asignación de recursos para educación y para salud, aunque se observa que Sinaloa es uno de los estados que mejor puntuación recibió en estos indicadores.

Por último —concluye el análisis— en Democracia Económica solo sobresalió en Desigualdad y en Inversión, sin rebasar el promedio nacional en PIB per cápita y en Autonomía financiera. En Competitividad Estado-sociedad se ubicó más allá del promedio, con un valor de desarrollo medio.[11]

---

11 IDD-Mex 2021, 155-157.

Como resultado de este diagnóstico sobre el estado que guarda la democracia, las instituciones que han elaborado el Índice de Desarrollo Democrático 2021 (la Fundación Konrad Adenauer, CEPOS, la consultora Polilat y el INE) ofrecen oportunidades de mejora institucional —que en general son las que han venido haciendo desde hace varios años— lo que indica que con ella se pueden atacar nuestras debilidades crónicas y que un gobierno democrático y progresista debe atender a fin de tener una mayor capacidad para enfrentar los problemas estructurales de los sinaloenses. En un estudio que realizamos en 2021 sobre el 2020 (Hernández e Ibarra 2021) en el marco del proceso electoral 2020-21, analizamos estos parámetros que en términos generales se mantienen intactos en el indicador y solo hemos actualizado a 2021.

Las oportunidades desde estrategias para estimular la participación ciudadana hasta buscar cómo elevar la recaudación fiscal para obtener más dinero destinado a la inversión en políticas públicas. Dado que la información que ofrece el estudio de marras es muy escueta, es conveniente fortalecerlas como posibles alternativas de solución a lo que consideramos algunos de los grandes problemas de Sinaloa, que son:

*Primero. Desarrollar estrategias para una mayor participación ciudadana en el ámbito electoral.* Efectivamente, la organización de las elecciones, los partidos políticos y el tribunal electoral demandan cada vez más dinero público y la participación se mantiene en niveles bajos, pues oscila en el mejor de los casos entre un 50 y 60% de la lista nominal. Es decir, el resto de los sinaloenses se mantiene fuera de los procesos políticos, o puede ser que exista un serio problema de consistencia en la elaboración del padrón electoral y la lista nominal por la falta de depuración de los casos de fallecimientos y ciudadanos que tienen suspendidos sus derechos políticos por algunas de las causales previstas en la ley. Esto plantea desafíos que hasta ahora ni el instituto electoral, ni los partidos políticos, han logrado superar para lograr mejores niveles de participación. Ahí tenemos, por ejemplo, que en las elecciones de gobernador que generalmente convocan a una mayor participación en 2021, esta escasamente alcanzó el 49% de la lista nominal. La pregunta es qué incentivos concretos pueden ser ofrecidos a los ciudadanos para estimular la participación masiva en los procesos electorales, ahora con el ingrediente de la intervención en ellos del crimen organizado.

A juicio de quien escribe, *grosso modo* solo pueden venir de tener una democracia de calidad que avance sistemáticamente en los tres pilares sostenidos por Leonardo Morlino: El Estado de derecho o el respeto a la ley, la transparencia y la rendición de las cuentas públicas y la *responsiveness* (Morlino 2008), es decir, capacidad de respuesta para atender oportuna y eficazmente los problemas que tiene y se le presentan cíclicamente a la sociedad sinaloense. Lamentablemente, en el primer año del gobierno de Rubén Rocha Moya la intervención ha sido más reactiva que producto de políticas públicas diseñadas e instrumentadas como parte de toda una toda una estrategia de desarrollo.

*Segundo. Avanzar hacia una mayor construcción de ciudadanía para fortalecer el respeto de los derechos políticos y las libertades civiles.* Si partimos de una baja participación en los procesos electorales, que es el principio básico de toda construcción de ciudadanía y esta no pasa por su mejor momento, el intento desde el gobierno federal de sacar adelante una reforma que pone en peligro la autonomía de los organismos electorales seguramente tendría efectos perniciosos en los procesos de elección. Y esto es grave cuando se trata de avanzar en la conquista de mayores derechos y libertades, pese a la existencia de colectivos sociales no partidarios, ligados a la lucha por los derechos de los homosexuales, lesbianas y transexuales; mujeres contra feminicidios y la violencia de género; además, grupos organizados en la lucha contra las desapariciones forzadas que se hacen oír mediáticamente, aunque no siempre con la atención de la autoridad, o los pueblos indígenas que luchan por la preservación de sus tradiciones y ecosistemas amenazados hoy, como en el caso de la bahía de Ohuira en el norte del estado. Las preguntas se desprenden de la experiencia de estas organizaciones que se traducen en acciones diversas con el objetivo de avanzar como lo han hecho otros países, donde ya se disfrutan derechos de séptima generación, pero, sobre todo, la habituación en el ejercicio de los derechos humanos fundamentales. Un gobierno responsable debe caminar de la mano de la sociedad para construir ciudadanía a través del diseño e instrumentación de políticas públicas con perspectiva de mediano y largo plazos, incluso institucionalizándolas por la vía de reformas a las leyes.

*Tercero. Profundizar la lucha contra el delito común y la delincuencia organizada.* Aunque en Sinaloa oficialmente existe una baja en la comisión de delitos,[12] se tiene un serio problema criminal y de impunidad. Déficit de persecución del delito.[13] Vamos, tiene marca criminal, la del cártel que lleva su nombre con su secuela de drogas, violencia y descomposición social. Pero no es solo eso, también es el lavado de dinero, el que se derrama sobre su economía, generando procesos inflacionarios que no corresponden a los niveles de la actividad económica legal y algo mayor, produce lo que genéricamente se conoce como subcultura de la violencia, que tiene un efecto importante sobre la educación familiar y formal. Y a este efecto, obliga a plantearnos la interrogante acerca de cuál podría ser una estrategia efectiva para reducir este mal estructural que se vuelve un incentivo para la promoción e incremento de los delitos, sean del orden común como de crimen organizado. Hay que fortalecer el sistema judicial a través de mejores leyes, la cultura de la denuncia, el seguimiento del trabajo de

---

12 Hernán Alfaro, «Presenta el mes de octubre una baja homicidios dolosos en Sinaloa».

13 Manuel Aceves, *Sinaloa inicia segundo semestre del 2020 con delitos a la baja: SESESP.*

los jueces, erradicando de los juzgados cualquier síntoma de corrupción, así como la elevación de penas en delitos ligados a las desapariciones forzadas y feminicidios. En fin, hay una gran tarea por hacer en varios campos, pero en especial en el ámbito cultural que se irradia silenciosamente en los sectores juveniles de la población; basta comprobar el número de visitas y reproducciones que tiene una pieza musical que se refierea a Culiacán como la «capital del corrido», JBL interpretada por la banda La Adictiva.[14]

*Cuarto. Luchar contra el feminicidio.* En Sinaloa, en 2017 se cometieron 60 feminicidios; en 2018, se presentaron 34 casos; en 2019, 30 atentados en contra de mujeres y en 2020 se calcula que al menos 35 mujeres fueron asesinadas,[15] y para el mes de agosto de 2021 ese número ya se había superado.[16] En 2019, el estado ocupó el quinto lugar a nivel nacional en este delito porque en él se cometieron 4 de cada 100 feminicidios[17] en el país y en 2021 ocupa el décimo sitio.[18] Desde 2017 existe en la entidad la declaratoria de violencia de género en los municipios de Ahome, Guasave, Culiacán, Navolato y Mazatlán. Pero, es notorio el aumento de este tipo de asesinatos y la incapacidad de las instituciones de seguridad pública para abatir sensiblemente este problema, que alcanza cada vez a un mayor número de mujeres. Afortunadamente, el gobierno actual tuvo el tino de crear la Secretaría de la Mujer y ponerla en manos de la abogada y activista Teresa Guerra, quien viene realizando una labor intensa en favor de las mujeres. Además, las alternativas surgen principalmente de las organizaciones ciudadanas de

---

14 https://www.youtube.com/watch?v=iAlbP9bJxSw&ab_channel=RENEGADOKILL

15 Cristina Félix *«Más del 80% de los feminicidios en Sinaloa están impunes ...».*

16 Hernán Alfaro, *«Feminicidios de 2021 ya superan los registrados...»*

17 Sandra Solís, *«Ocupa Sinaloa quinto lugar en feminicidios: Titular de Inmujeres».*

18 Hernán Alfaro, *«Feminicidios de 2021 ya superan los registrados...».*

mujeres que ven como antídoto, en primerísimo lugar, una política pública destinada a la prevención con una intensa y permanente campaña en contra de estereotipos que han alimentado la percepción cultural de la diferencia entre hombres y mujeres y que conducen a la idea equivocada de que los hombres se consideran superiores. Eso exige, además de políticas públicas dotadas de recursos económicos y fundamento legal, una mayor coordinación entre los actores sociales e institucionales involucrados en esta problemática. Así mismo, como parte de la reeducación en este tipo de valores, es de fundamental importancia el papel de los medios de comunicación y la atención oportuna y profesional cuando suceden casos de violencia de género.

*Quinto. Implementar procesos de control de la corrupción.* En un estudio conjunto las organizaciones civiles Mexicanos contra la Corrupción y la Impunidad e Iniciativa Sinaloa llegaron a la siguiente conclusión en la esfera pública: «En la última década 16 funcionarios y políticos de Sinaloa —exgobernadores, senadores, diputados, líderes de partidos, candidatos, alcaldes y secretarios de Estado— han logrado obtener contratos o subsidios públicos mientras se hallaban en una posición de privilegio. Esto les ha permitido hacer negocios con los gobiernos a través de sus empresas familiares. El monto obtenido mediante este esquema de posible conflicto de intereses y tráfico de influencias supera los 800 millones de pesos».[19] Esta estampa de la corrupción refleja quizá solo una parte de ese fenómeno que tenemos en el sector público. Y ahí está un primer problema con que la autoridad juega un doble papel, ya que es juez y parte en la ecuación. Entonces, lo que habría que hacerse en este renglón es romper este cordón que es un incentivo para continuar haciéndolo. Bien lo dijo Mauricio Merino, uno de los académicos que más ha estudiado el tema de la corrupción en México

---

19 Redacción, «Así se beneficiaron exgobernadores y políticos de Sinaloa con contratos por 800 mdp». *Ríodoce.*

a través del Programa Interdisciplinario de Rendición de Cuentas del Centro de Investigación y Docencia Económica, «no se trata solo de ir por el último corrupto, sino acabar con los incentivos institucionales de la corrupción»[20] y, en ese sentido, la clave está en los cuatro ejes que Iniciativa Sinaloa promueve para el combate contra nuestro suigéneris modelo corrupto, el uso y control de los contratos de obras públicas: profundizar en acciones que hagan efectiva la transparencia, la rendición de cuentas, el combate a la corrupción y la participación ciudadana, lo cual obligaría al nuevo gobierno a realizar reformas de fondo que luchen contra la impunidad y elevar las penas contra los funcionarios públicos comprometidos en este tipo de delitos contra el patrimonio y los bienes públicos.

*Sexto. Sistematizar la atención de las demandas de los grupos sociales excluidos y lograr una mayor satisfacción de sus demandas.* Si partimos de que en Sinaloa en 2016-2018 el número de personas en situación de pobreza pasó de 929 683 a 946 868 personas, prácticamente uno de cada tres de sus habitantes son personas que caen en la categoría de exclusión y eso significa limitaciones para disfrutar de las oportunidades económicas, sociales, culturales y políticas existentes en la sociedad, esto es, invisibilidad en las estadísticas oficiales en las leyes constitucionales, pero sobre todo, en el diseño de las políticas públicas mediante fomento de organismos públicos gubernamentales especializados y subsidios a la salud en época de pandemia; de ahí que la mayor parte de los contagios y fallecimientos fueron en este sector de la población. Es decir, la pobreza y sus expresiones a través de los desplazados de la sierra, los sin vivienda e ingresos o el ejército de trabajadores informales que comercializan sus productos en las calles de las ciudades sinaloenses son los excluidos con mayor o menor capacidad de interlocución

20 Mauricio Merino, Conferencia: Captura y corrupción. Youtube.

con los poderes del Estado. Hacia ellos urgen políticas de inclusión en el mundo laboral a través de la formalidad, la garantía de atención en salud y educación de manera que, como sociedad, al tiempo que abatimos los rezagos estructurales construyamos una sociedad más solidaria al ofrecer oportunidades para los grupos más pobres de la población que son objeto de desventajas acumulativas, estigma y discriminación.

*Séptimo. Asignar mayores recursos para la educación y la salud y lograr eficacia en su administración.* Siendo la educación un pilar para el fortalecimiento de la democracia resulta obligada una inversión acorde con los parámetros recomendados por los organismos internacionales que tendría que ser correlativa con el nivel del PIB estatal. Sin embargo, dista de serlo, ya que la inversión en este renglón está lejos de ser suficiente y basta ver que en el presupuesto federal de 2020 fue de las áreas que sufrieron mayores recortes millonarios,[21] lo que implica eliminar programas y llamar a hacer más con menos. Lo mismo en salud, que depende principalmente de los presupuestos federales; sin embargo, su administración corresponde a los gobiernos estatales y ahí está el plus que cada gobierno estatal podría imprimirle para optimizar el recurso escaso. En Sinaloa, en materia educativa sobreviven viejas estructuras burocráticas y clientelares que son un freno para su calidad y eso debe desaparecer a la par de la puesta en marcha de la nueva ley de educación básica e, incluso, en educación superior donde se han construido verdaderos cacicazgos. Mientras tanto, en materia de salud la situación es crítica por la falta de hospitales bien equipados y preparados para atender las carencias que se han puesto en evidencia durante la pandemia que estamos viviendo.

---

21 Irene Medrano, «La federación hace fuertes recortes en educación». *El Sol de Sinaloa*.

*Octavo. Promover el desarrollo e incrementar el PIB per cápita.* De acuerdo con cifras de INEGI de 2019,[22] Sinaloa aporta el 2.3% del PIB nacional y ocupa la posición 17, con un claro énfasis en sus aportaciones al PIB del sector primario con una participación del 8.2%, lo que la ubica en este sector en la tercera posición nacional. Pero, sobre todo, permite reconocer que la economía sigue teniendo un gran componente primario y terciario. En ese mismo año, el PIB per cápita fue de 126 527 pesos lo que le ubica en el lugar 18 veces mayor; la Ciudad de México, 2.8 veces y el doble en el caso de Nuevo León.[23] Este pobre desempeño en 2019 se calcula que se agudizaría en 2020 cuando conozcamos los efectos de la pandemia sobre el aparato productivo. Ya hay un pronóstico oficial de que se espera una caída del 5.5%,[24] lo cual significará una baja proporcional en nuestra participación al PIB nacional y el nivel per cápita.

*Noveno. Desarrollar una mejor complementariedad entre Estado y sociedad.* La sugerencia de esta estrategia seguramente deriva de la necesidad de fortalecer el Estado de derecho que tiene áreas, porosas y por ello reclama urgente atención, mediante la revisión y cambio en las instituciones de gobierno. ¿Cuáles son estas? A riesgo de ser impreciso, el índice en materia de democracia social que menciona el desempleo urbano en sus dos variantes, formal e informal, y ha sufrido un serio descenso durante la pandemia. Se calcula que en el peor momento el empleo formal cayó un 10%, ya que aproximadamente 60 mil trabajadores quedaron cesantes, y en el caso de los informales no hay un dato oficial, pero son previsibles daños mayores por estar vinculados con el comercio ambulante. La pan-

22 INEGI, *México en cifras: Sinaloa (25)*. Consultado 15 de marzo, 2021.

23 INEGI, *Producto Interno Bruto por entidad federativa 2019*.

24 Alma Soto, «Caerá PIB de Sinaloa 5.5 en 2020: Javier Lizárraga». *Noroeste*.

demia ha sido un destructor del empleo y de pequeñas y medianas empresas, con el consiguiente incremento del desempleo y pobreza en el estado, ante todo por la inexistencia de políticas públicas destinadas a brindar apoyos para abatir la crisis empresarial. *Ergo,* en la etapa de la recuperación esta política omisa debe corregirse para la reactivación económica del estado y los municipios, sea por la vía de subsidios, préstamos, reprogramación o cancelaciones de adeudos fiscales; de lo contrario, estaremos observando la cancelación de oportunidades para los jóvenes y un fenómeno silencioso que es el mercado *off line* o tendencias monopólicas del mercado que favorecen a las firmas internacionales que operan en los grandes centros urbanos del estado.

*Décimo. Optimizar la recaudación fiscal para lograr una mayor autonomía.* La quiebra de empresas y el subsecuente desempleo perfilan una mala situación en 2019 y en 2020, por lo que hemos señalado. Se agudizaron los problemas derivados de la caída de la actividad económica, y eso tendrá en 2021 un efecto en la recaudación fiscal de los tres niveles de gobierno,[25] lo cual plantea la imposibilidad de lograr la autonomía sugerida y exige hacer ajustes y recortes en el gasto público, y proyecta un 2021 como un año difícil para las inversiones, ya que solo las programadas como prioritarias para el gobierno federal podrían aliviar algo en este escenario adverso y transversal en todas las áreas económicas.

---

25 Marcos Vizcarra, «Sinaloa sufre una caída por 500 mdp», *Revista Espejo,* 15 de julio de 2020.
Andrés Villarreal, «Presupuesto 2021 en Sinaloa: menos dinero... en año de elecciones», *Revista Espejo,* 8 de diciembre de 2020.

# *Conclusiones*

Sería muy fácil concluir que por las características de estas elecciones concurrentes todo está perdido. Que los criminales son los que dominan la vida política del estado y que el gobierno está rendido ante ellos. Rocha Moya llega al gobierno con la legitimidad de un caudal de votos sin precedente y sin ningún recurso directo contra su triunfo ante los órganos jurisdiccionales. El resultado general fue favorable a los candidatos de Morena y el Partido Sinaloense, tanto en los comicios de gobernador como en la integración del Congreso del Estado y los municipios. Esto técnicamente significa un gobierno unificado que, al menos en los próximos tres años, si se mantiene la alianza legislativa, habrá márgenes para impulsar una agenda de gobierno progresista.[1]

Así, podría integrarse un gabinete de acuerdo con su visión y compromisos hechos en la campaña. Además, definir colectivamente las políticas públicas de la 4T que se buscará armonizar en el estado. Ello obliga no solo a poner en operación la representación política que le dieron los votos, sino a hacer política de alianzas con los factores reales de poder y garantizar la estabilidad y la gobernabilidad política.

El índice de desarrollo democrático que hemos utilizado en este ensayo ofrece áreas de oportunidad que deben incluirse en cualquier agenda de gobierno progresista , algunas de ellas vinculadas con la actuación de los grupos criminales donde se encuentra un déficit notorio, sea por los homicidios dolosos como por los desaparecidos que en Sinaloa se cuentan por miles.

---

1 Blanca Peinado, «Plantea Feliciano Castro "alianza legislativa" en busca de reformas de gran calado para Sinaloa», Lineadirectaportal.com, 23 de agosto de 2021.

Apunto a algunos de los desafíos que es necesario abatir: el crimen organizado, la inseguridad y —con especial énfasis— el combate al feminicidio; reducir las bolsas de pobreza y mejorar uno de los salarios más bajos del país; ampliar la cobertura de salud de manera que la población más vulnerable tenga acceso a estos servicios que se han hecho especialmente notorios durante la pandemia, lo que significó decenas de miles de contagios y fallecimientos por el COVID-19; así mismo, reducir la corrupción y el despilfarro en el servicio público a la par de un incremento en la recaudación pública para impulsar políticas públicas de alto impacto social como, también, un mayor control de la deuda y el endeudamiento público. Además, es importante la relación del nuevo gobierno con el Poder Judicial que empieza, con la renuncia del presidente del Supremo Tribunal de Justicia del estado de Sinaloa,[2] Enrique Inzunza Cázarez, para incorporarse como nuevo secretario general de Gobierno.

En definitiva, la alternancia de gobierno PRI-Morena plantea problemas y desafíos de primer orden para los nuevos gestores públicos y, como siempre sucede en el ejercicio de gobierno, en condiciones de recursos escasos, obligando a la creatividad y a la austeridad republicana que se ha esgrimido como bandera irrenunciable del morenismo.

Si eso ocurre, el nuevo gobierno tendrá mayores márgenes de operación, y podría hacer efectivas políticas públicas con un alto impacto social y revertir los lastres que ha significado dejar crecer la influencia del crimen organizado en todas las esferas de la vida pública sinaloense.

---

2 América Armenta, «Ricardo López Chávez es el nuevo Magistrado Presidente del Supremo Tribunal de Justicia de Sinaloa», *Noroeste*, 24 de agosto de 2021.

# *Anexo*

Tabla 1 Encuestas de intención de voto por partidos

| | Fecha | PAN | PRI | morena | RSP | PAS | Otro | Ninguno/ No sabe |
|---|---|---|---|---|---|---|---|---|
| **Campaigns & Elections** | noviembre de 2019 | 7% | 18% | **35%** | — | — | 10% | 30% |
| **Campaigns & Elections** | febrero de 2020 | 11% | 16% | **34%** | — | — | 6% | 34% |
| Analítica media | 29 de mayo de 2020 | 8.3% | 26.2% | **28.1%** | — | — | 8.1% | 29.3% |
| Massive Caller | 30 de junio de 2020 | 8.2% | 24.6% | **28.0%** | 7.7% | 2.5% | 5.0% | 24.1% |
| Demoscopia digital | 1 y 2 de agosto de 2020 | 6.35% | 26.38% | **29.12%** | 7.34% | — | 8.17% | 22.64% |
| **Campaigns & Elections** | 17 de agosto de 2020 | 20% | 17% | **38%** | — | 6% | 13% | — |
| Elección México | 14 a 27 de septiembre de 2020 | 19% | 10% | **41%** | 5% | 6% | 3% | 17% |
| Consulta Mitofsky | 28 a 29 de septiembre de 2020 | 12.9% | 14.8% | **36.8%** | — | 1.9% | 5.9% | 27.7% |
| Demoscopia digital | 4 de octubre de 2020 | 8.16% | 28.78% | **29.03%** | — | — | 9.27% | 24.76% |
| **Campaigns & Elections** | 27 de octubre de 2020 | 12% | 20% | **42%** | — | 12% | — | 15% |
| Demoscopia digital | 12 de noviembre de 2020 | 8.27% | 25.77% | **28.65%** | 3.98% | — | 5.50% | 27.83% |

Tabla 2: Encuestas de intención de voto por candidato a gobernador

| **Encuestadora** | **Fecha** | **Zamora** | **Rocha** | **Torres** | **Otro** | **Ninguno/No sabe** |
|---|---|---|---|---|---|---|
| Demoscopia Digital | 4 de enero de 2021 | 24.4% | **31.6%** | 10.3% | 9.1% | 24.6% |
| **Campaigns & Elections** | 6 de enero de 2021 | 29% | **39%** | 6% | 10% | 16% |
| Massive Caller | 1 de febrero de 2021 | 19.6% | **44%** | 4.3% | 17.9% | 14.2% |
| Demoscopia digital | 1 de febrero de 2021 | 21.5% | **29.2%** | 9.7% | 12.5% | 27.1% |
| **Campaigns & Elections** | 6 de febrero de 2021 | 26% | **44%** | 9% | 5% | 16% |
| Heraldo Media Group | 8 de febrero de 2021 | 17.2% | **39.1%** | 5.7% | 12.4% | 25.6% |
| Massive Caller | 9 de febrero de 2021 | 23.8% | **41.6%** | 2.7% | 15.1% | 16.8% |
| Massive Caller | 15 de febrero de 2021 | 21.4% | **40.6%** | 4.5% | 14.7% | 18.8% |
| **Campaigns & Elections** | 22 de febrero de 2021 | 32% | **47%** | 2% | 10% | 9% |
| Massive Caller | 22 de febrero de 2021 | 21.5% | **37.3%** | 3.8% | 16.1% | 21.3% |
| Demoscopia digital | 26 de febrero de 2021 | 20.3% | **30.7%** | 10.8% | 14.7% | 23.5% |
| Arias Consultores | 27 de febrero de 2021 | 36.0% | **38.8%** | 3.6% | 10.8% | 10.9% |
| **Campaigns & Elections** | 1 de marzo de 2021 | 26% | **41%** | 4% | 4% | 25% |
| Massive Caller | 1 de marzo de 2021 | 18.3% | **40.5%** | 2.3% | 17.8% | 21.2% |
| Demoscopia digital | 6 de marzo de 2021 | 23.9% | **30.2%** | 6.8% | 11% | 28.1% |
| Massive Caller | 8 de marzo de 2021 | 20.8% | **43.2%** | 3.7% | 9% | 23.3% |
| **Campaigns & Elections** | 10 de marzo de 2021 | 24% | **46%** | 5% | 5% | 20% |
| Massive Caller | 15 de marzo de 2021 | 26.2% | **41.8%** | 2.6% | 8.3% | 21.1% |

| | | | | | | |
|---|---|---|---|---|---|---|
| Poligrama | 17 de marzo de 2021 | 22.84% | **40.29%** | 7.83% | 7.67% | 21.37% |
| Demoscopia digital | 18 de marzo de 2021 | 24.1% | **31.7%** | 6.3% | 11.6% | 26.3% |
| **Campaigns & Elections** | 22 de marzo de 2021 | 26% | **47%** | 3% | 0% | 24% |
| Massive Caller | 22 de marzo de 2021 | 27% | **43.3%** | 1.8% | 11% | 16.8% |
| Arias Consultores | 26 de marzo de 2021 | 28.9% | **46.6%** | — | 8.4% | 16.1% |
| Demoscopìa digital | 28 de marzo de 2021 | 25.5% | **33.7%** | 5.1% | 11.4% | 24.3% |
| Massive Caller | 29 de marzo de 2021 | 22.4% | **42.7%** | 5.6% | 13.1% | 16.2% |
| México Elige | 30 de marzo de 2021 | 31.4% | **41.8%** | 4.6% | 18.7% | 3.5% |
| **Campaigns & Elections** | 30 de marzo de 2021 | 28% | **49%** | 7% | 5% | 11% |
| **Campaigns & Elections** | 5 de abril de 2021 | 30% | **44%** | 1% | 5% | 7% |
| Massive Caller | 5 de abril de 2021 | 30.9% | **44.9%** | 2.7% | 10.6% | 10.9% |
| Heraldo Media Group | 5 de abril de 2021 | 29.3% | **44.3%** | 3.3% | 12.2% | 10.9% |
| Demoscopia digital | 7 de abril de 2021 | 25.8% | **35.3%** | 4.2% | 15.1% | 19.6% |
| Enkoll | 8 de abril de 2021 | 23% | **40%** | 12% | 6% | 19% |
| **Campaigns & Elections** | 12 de abril del 2021 | 37% | **47%** | 1% | 1% | 14% |
| Massive Caller | 12 de abril del 2021 | 26.1% | **44.5%** | 5.1% | 8.2% | 16.1% |
| Demoscopia Digital | 17 de abril del 2021 | 24.7% | **38.9%** | 3.4% | 12.7% | 20.3% |
| Massive Caller | 19 de abril del 2021 | 32% | **42.3%** | 3.7% | 10.6% | 11.4% |
| **Campaigns & Elections** | 19 de abril del 2021 | 37% | **46%** | 4% | 6% | 7% |
| Massive Caller | 20 de abril del 2021 | 31% | **46.6%** | 3.4% | 6.5% | 12.5% |
| Massive Caller | 21 de abril del 2021 | 30.7% | **42.5%** | 6.9% | 8.1% | 11.8% |

| | | | | | | |
|---|---|---|---|---|---|---|
| Massive Caller | 22 de abril del 2021 | 33.1% | **43.4%** | 4.5% | 7.4% | 11.6% |
| Massive Caller | 23 de abril del 2021 | 31.1% | **44.5%** | 3.9% | 10% | 10.5% |
| Massive Caller | 25 de abril del 2021 | 33.3% | **45.4%** | 3.8% | 8% | 9.5% |
| **Campaigns & Elections** | 26 de abril del 2021 | 39% | **47%** | 2% | 6% | 6% |
| Massive Caller | 26 de abril del 2021 | 33.3% | **45.4%** | 3.8% | 8% | 9.5% |
| Demoscopia digital | 27 de abril del 2021 | 23.5% | **40.1%** | 2.9% | 13.3% | 20.2% |
| **Campaigns & Elections** | 3 de mayo del 2021 | 39% | **47%** | 1% | 4% | 9% |
| Heraldo Media Group | 3 de mayo del 2021 | 36% | **42.3%** | 3.1% | 6.8% | 11.8% |
| El Financiero | 3 de mayo del 2021 | 35% | **48%** | 8% | 9% | 0% |
| Massive Caller | 3 de mayo del 2021 | 33.2% | **42.8%** | 3.1% | 9.9% | 11% |
| Demoscopia digital | 7 de mayo del 2021 | 28.7% | **41.7%** | 2.8% | 12.2% | 14.6% |
| **Campaigns & Elections** | 10 de mayo del 2021 | 40% | **46%** | 5% | 1% | 8% |
| Massive Caller | 9 de mayo del 2021 | 36% | **42.9%** | 2.6% | 10.5% | 8% |
| Massive Caller | 9 de mayo del 2021 | 35.8% | **43%** | 2.7% | 9.8% | 8.7% |
| Massive Caller | 12 de mayo del 2021 | 32.7% | **44.4%** | 3.7% | 9.4% | 9.8% |
| Demoscopia digital | 12 de mayo del 2021 | 31.6% | **42.9%** | 3.2% | 14% | 8.3% |
| Massive Caller | 13 de mayo del 2021 | 33.1% | **40.1%** | 5% | 13.4% | 8.4% |
| Massive Caller | 15 de mayo del 2021 | 33.9% | **44.2%** | 1.8% | 11.3% | 8.8% |
| Massive Caller | 16 de mayo del 2021 | 35.7% | **47.1%** | 1.6% | 8.4% | 7.2% |
| Poligrama | 3 al 17 de mayo del 2021 | 33.42% | **47.34%** | 5.59% | 4.23% | 9.41% |
| **Campaigns & Elections** | 17 de mayo del 2021 | 39% | **49%** | 1% | 6% | 5% |

| Demoscopia digital | 17 de mayo del 2021 | 33.8% | **41.5%** | 2.6% | 12.4% | 9.7% |
|---|---|---|---|---|---|---|
| Massive Caller | 17 de mayo del 2021 | 34.1% | **44.9%** | 3.1% | 9.9% | 8% |
| Massive Caller | 18 de mayo del 2021 | 32% | **43.3%** | 5.4% | 9% | 10.3% |
| México Elige | 19 de mayo del 2021 | 42.1% | **44%** | 3.7% | 7.6% | 2.6% |
| Massive Caller | 19 de mayo del 2021 | 34.7% | **45.4%** | 4.3% | 10.1% | 5.5% |
| **El Universal** | 19 de mayo del 2021 | 35% | **39%** | 4% | 3% | 19% |
| Latinus-Reforma | 20 de mayo del 2021 | 43% | **53%** | 1% | 3% | - |
| Demoscopia Dgital | 22 de mayo del 2021 | 33.1% | **43.7%** | 2.9% | 11% | 9.3% |
| **Campaigns & Elections** | 23 de mayo del 2021 | 43% | **47%** | 1% | 5% | 4% |
| Demoscopia Digital | 24 de mayo del 2021 | 32.8% | **42.5%** | 2.6% | 10.4% | 11.7% |
| Massive Caller | 24 de mayo del 2021 | 33.5% | **46%** | 2.8% | 8.7% | 9% |
| Demoscopia Digital | 28 de mayo del 2021 | 32.1% | **43.8%** | 2.7% | 10.9% | 10.5% |
| Heraldo Media Group | 28 de mayo del 2021 | 37.8% | **47.7%** | 2.7% | 9.3% | 2.5% |
| Demoscopia Digital | 30 de mayo del 2021 | 33.2% | **43.1%** | 3.1% | 11.1% | 9.5% |
| **Campaigns & Elections** | 30 de mayo del 2021 | 43% | **48%** | 5% | 1% | 3% |
| Massive Caller | 31 de mayo del 2021 | 37.5% | **46.8%** | 3.4% | 5.4% | 6.9% |
| Enkoll | 31 de mayo del 2021 | 31% | **54%** | 7% | 8% | — |
| Demoscopia Digital | 1 de junio del 2021 | 33.1% | **44.6%** | 3.4% | 10.3% | 8.6% |
| Poligrama | 1 de junio del 2021 | 36.65% | **47.84%** | 7.32% | 2.28% | 5.91% |
| FactoMetrica | 1 de junio del 2021 | 33.1% | **51.2%** | 5% | 10.7% | — |
| PollsMX | 2 de junio del 2021 | 37.2% | **44.4%** | 3.5% | 9.7% | — |

# RESULTADOS ELECTORALES

## *Gobernador*

| Gobernador del Estado de Sinaloa | | Resultados | |
|---|---|---|---|
| **Candidato** | **Partido/Coalición** | **Votos** | **Porcentaje** |
| Rubén Rocha Moya | Juntos Hacemos Historia | 624 225 | 56.60 % |
| Mario Zamora Gastélum | Va por Sinaloa | 358 313 | 32.49 % |
| Sergio Torres Félix | Movimiento Ciudadano | 31 897 | 2.89 % |
| ~~Gloria González Burboa~~ [a] | Partido del Trabajo | 19 982 | 1.81 % |
| Rosa Elena Millán | Fuerza por México | 12 396 | 1.12 % |
| Ricardo Arnulfo Mendoza Sauceda | Partido Encuentro Solidario | 11 285 | 1.02 % |
| Misael Sánchez Sánchez | Partido Verde Ecologista de México | 10 536 | 0.96 % |
| ~~Yolanda Cabrera Peraza~~ [b] | Redes Sociales Progresistas | 8 386 | 0.76 % |
| — | Candidatos no registrados | 422 | 0.04 % |
| **Total de votos válidos** | | **1 077 020** | **97.65 %** |
| **Votos nulos** | | **25 380** | **2.31 %** |
| **Total de votos emitidos (participación)** | | **1 102 822** | **48.97 %** |
| **Habitantes inscritos** | | **2 252 107** | |
| **Población** | | **3 026 943** | |
| **Instituto Estatal Electoral de Sinaloa.** | | | |

## *Ayuntamientos*

| Ayuntamientos del estado de Sinaloa | | | Resultados | | |
|---|---|---|---|---|---|
| Partido | | | Votos | Porcentaje | Ayuntamientos |
| | morena | Movimiento Regeneración Nacional | 394 837 | 36.16 % | 9/18 |
| | PRI | Partido Revolucionario Institucional | 277 559 | 25.42 % | 1/18 |
| | PAN | Partido Acción Nacional | 88 865 | 8.14 % | 0/18 |
| | PT | Partido del Trabajo | 79 300 | 7.26 % | 1/18 |
| | PAS | Partido Sinaloense | 73 815 | 6.76 % | 6/18 |
| | | Movimiento Ciudadano | 50 665 | 4.64 % | 0/18 |
| | VERDE | Partido Verde Ecologista de México | 23 139 | 2.12 % | 0/18 |
| | | Fuerza por México | 20 457 | 1.87 % | 0/18 |
| | PRD | Partido de la Revolución Democrática | 20 241 | 1.86 % | 0/18 |
| | PES | Partido Encuentro Solidario | 18 385 | 1.68 % | 1/18 |
| | RSP | Redes Sociales Progresistas | 12 461 | 1.14 % | 0/18 |
| | | Candidaturas independientes | 1 520 | 0.14 % | 0/18 |
| | ? | Candidatos no registrados | 641 | 0.06 % | — |
| **Total de votos válidos** | | | **1 061 244** | **97.19 %** | **18** |
| **Votos nulos** | | | **29 953** | **2.75 %** | |
| **Total de votos emitidos (participación)** | | | **1 091 838** | **48.48 %** | |
| **Habitantes inscritos** | | | **2 252 107** | | |
| **Instituto Electoral del Estado de Sinaloa.** | | | | | |

Tabla. Distribución del poder por distritos y ayuntamientos

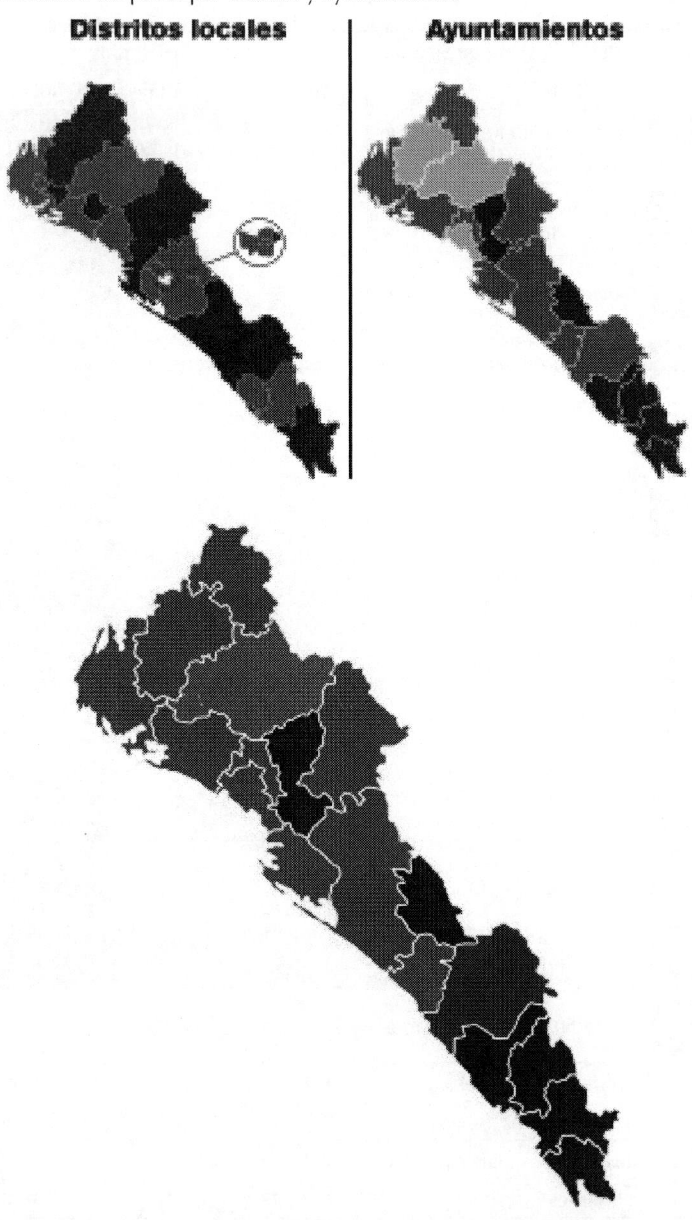

# RESULTADOS POR MUNICIPIOS

## *Ayuntamiento de Ahome*

| Candidato | Partido/coalición | Votos | % | Regidores |
|---|---|---|---|---|
| Gerardo Vargas Landeros | Juntos Hacemos Historia | 51 668 | 31.81 | **7/12** |
| José Domingo Vázquez Márquez | Partido del Trabajo | 45 632 | 28.10 | **1/12** |
| Marco Antonio Osuna Moreno | Va por Sinaloa | 45 562 | 28.05 | **2/12** |
| Otros | | 19 544 | 12.04 | **2/12** |
| **Total** | | **162 406** | **100.0** | **10/12** |

Fuente: Elaboración propia con cifras del IEES.

| Ayuntamiento de Ahome | | | | Resultados | | |
|---|---|---|---|---|---|---|
| Candidato | | | Partido/Coalición | Votos | Porcentaje | Regidores |
| | | Gerardo Vargas Landeros | Juntos Hacemos Historia | 51 668 | 31.81 % | 7/12 |
| | PT | José Domingo Vázquez Márquez | Partido del Trabajo | 45 632 | 28.10 % | 1/12 |
| | | Marco Antonio Osuna Moreno | Va por Sinaloa | 45 562 | 28.05 % | 2/12 |
| | | Miguel Ángel Camacho Sánchez | Movimiento Ciudadano | 6 296 | 3.88 % | 1/12 |
| | | Angelina Valenzuela Benítez | Fuerza por México | 5 146 | 3.17 % | 1/12 |
| | RSP | Mayra Manuela Sáinz Landey | Redes Sociales Progresistas | 1 706 | 1.05 % | 0/12 |
| | VERDE | Jesús Francisco Miranda Castro | Partido Verde Ecologista de México | 1 106 | 0.68 % | 0/12 |

| | | | | | |
|---|---|---|---|---|---|
| PES | Miguel Ángel Carrillo Verdugo | Partido Encuentro Solidario | 813 | 0.50 % | 0/12 |
| ? | — | Candidatos no registrados | 70 | 0.05 % | — |
| **Total de votos válidos** | | | **157 929** | **97.24 %** | **12** |
| **Votos nulos** | | | **4 407** | **2.71 %** | |
| **Total de votos emitidos (participación)** | | | **162 406** | **47.85 %** | |
| **Habitantes inscritos** | | | **339 435** | | |
| **Población** | | | **459 310** | | |
| **Instituto Electoral del Estado de Sinaloa.** | | | | | |

## *Ayuntamiento de Angostura*

| **Candidato** | **Partido/Coalición** | **Votos** | % | **Regidores** |
|---|---|---|---|---|
| Miguel Ángel Angulo Acosta | MORENA | 9 064 | 36.47 | **3/6** |
| Aglar Montoya Martínez | PRI | 6 721 | 27.05 | **2/6** |
| Perfecto Alonso Ruelas Beltrán | PAS | 6 517 | 26.23 | **1/6** |
| Otros | | 2 547 | 10.25 | **0/0** |
| **Total** | | **24 849** | **100.0** | **6/6** |

Fuente: Elaboración propia con cifras del IEES

| **Ayuntamiento de Angostura** | | | **Resultados** | | |
|---|---|---|---|---|---|
| **Candidato** | | **Partido/ Coalición** | **Votos** | **Porcentaje** | **Regidores** |
| morena | Miguel Ángel Angulo Acosta | Movimiento Regeneración Nacional | 9 064 | 36.47 % | 3/6 |
| PRI | Aglae Montoya Martínez | Partido Revolucionario Institucional | 6 721 | 27.05 % | 2/6 |
| PAS | Perfecto Alonso Ruelas Beltrán | Partido Sinaloense | 6 517 | 26.23 % | 1/6 |

| | | | | | |
|---|---|---|---|---|---|
| PAN | Valeria Urías Verdugo | Partido Acción Nacional | 637 | 2.56 % | 0/6 |
| | Citlali Yuneli Mascareño Sánchez | Movimiento Ciudadano | 526 | 2.12 % | 0/6 |
| RSP | Jorge Hugo Angulo Cervantes | Redes Sociales Progresistas | 381 | 1.54 % | 0/6 |
| | Jesús Enrique Camacho Inzunza | Fuerza por México | 185 | 0.74 % | 0/6 |
| VERDE | Martha Hilda Sánchez Beltrán | Partido Verde Ecologista de México | 134 | 0.54 % | 0/6 |
| **Total de votos válidos** | | | **24 165** | **97.25 %** | **6** |
| **Votos nulos** | | | **684** | **2.75 %** | |
| **Total de votos emitidos (participación)** | | | **24 849** | **67.92 %** | |
| **Habitantes inscritos** | | | **36 587** | | |
| **Población** | | | **44 093** | | |
| **Instituto Electoral del Estado de Sinaloa.** | | | | | |

## *Ayuntamiento de Badiraguato*

| Candidato | Partido/Coalición | Votos | % | Regidores |
|---|---|---|---|---|
| José Paz López Elenes | Juntos Hacemos Historia | **6 959** | 50.67 | 3/6 |
| Guadalupe Iribe Gascón | Va por Sinaloa | 5 928 | 43.16 | 3/6 |
| Virgen Alcira Monjardín Araujo | PT | 182 | 1.33 | 0/6 |
| Otros | | 665 | 4.84 | 0/6 |
| **Total** | | | **100.0** | **6/6** |

Fuente: Elaboración propia con cifras del IEES.

| Ayuntamiento de Badiraguato | | | Resultados | | |
|---|---|---|---|---|---|
| Candidato | | Partido/Coalición | Votos | Porcentaje | Regidores |
| | José Paz López Elenes | Juntos Hacemos Historia | 6 959 | 50.67 % | 3/6 |
| | Guadalupe Iribe Gascón | Va por Sinaloa | 5 928 | 43.16 % | 3/6 |
| | Virgen Alcira Monjardín Araujo | Partido del Trabajo | 182 | 1.33 % | 0/6 |
| | Ángel Robles Bañuelos | Redes Sociales Progresistas | 158 | 1.15 % | 0/6 |
| | María Soveida Cordero López | Fuerza por México | 104 | 0.76 % | 0/6 |
| | — | Candidatos no registrados | 1 | 0.01 % | — |
| **Total de votos válidos** | | | **13 331** | **97.07 %** | **6** |
| **Votos nulos** | | | **402** | **2.92 %** | |
| **Total de votos emitidos (participación)** | | | **13 734** | **59.84 %** | |
| **Habitantes inscritos** | | | **22 950** | | |
| **Población** | | | **26 542** | | |
| **Instituto Electoral del Estado de Sinaloa.** | | | | | |

## *Ayuntamiento de Concordia*

| Candidato | Partido/Coalición | Votos | % | Regidores |
|---|---|---|---|---|
| Raúl Díaz Bernal | Juntos Hacemos Historia | 6 941 | 68.16 % | 3/6 |
| Juan Isidro Paredes Brito | PRD | 1 459 | 14.33 | 1/6 |
| Sebastián Zamudio Guzmán | PAN | 539 | 5.29 | 1/6 |
| Otros | | 1244 | 12.22 | 1/6 |
| **Total** | | **10 183** | **100.00** | **5/6** |

Fuente: Elaboración propia con cifras del IEES.

| Ayuntamiento de Concordia | | | Resultados | | |
|---|---|---|---|---|---|
| **Candidato** | | **Partido/Coalición** | **Votos** | **Porcentaje** | **Regidores** |
| | Raúl Díaz Bernal | Juntos Hacemos Historia | 6 941 | 68.16 % | 3/6 |
| | Juan Isidro Paredes Brito | Partido de la Revolución Democrática | 1 459 | 14.33 % | 1/6 |
| | Sebastián Zamudio Guzmán | Partido Acción Nacional | 539 | 5.29 % | 1/6 |
| | Acela Esmeralda Zataráin Ruiz | Partido Revolucionario Institucional | 464 | 4.56 % | 1/6 |
| | Anabel Tirado Vizcarra | Redes Sociales Progresistas | 180 | 1.77 % | 0/6 |
| | Selena Nohemí Orozco Macías | Fuerza por México | 78 | 0.77 % | 0/6 |
| | María Emilia Elizondo Rodríguez | Movimiento Ciudadano | 67 | 0.66 % | 0/6 |
| | Mario Prado Salinas | Partido Verde Ecologista de México | 41 | 0.39 % | 0/6 |
| | — | Candidatos no registrados | 1 | 0.01 % | — |
| **Total de votos válidos** | | | **9 769** | **95.93 %** | **6** |
| **Votos nulos** | | | **413** | **4.06 %** | |
| **Total de votos emitidos (participación)** | | | **10 183** | **51.14 %** | |
| **Habitantes inscritos** | | | **19 911** | | |
| **Población** | | | **24 889** | | |
| **Instituto Electoral del Estado de Sinaloa.** | | | | | |

## *Ayuntamiento de Cosalá*

| Candidato | Partido/Coalición | Votos | % | Regidores |
|---|---|---|---|---|
| Carla Úrsula Corrales Corrales | Juntos Hacemos Historia | 4 768 | 58.81 | 3/6 |
| Griselda Quintana García | PRI | 2 687 | 33.14 | 3/6 |
| María Elena Pérez Ontiveros | MC | 232 | 2.86 | 0/6 |
| Otros | | 421 | 8.19 | 0/6 |
| **Total** | | **8 108** | **100.0** | **6/6** |

Fuente: Elaboración propia con cifras del IEES.

| Ayuntamiento de Cosalá | | Resultados | | |
|---|---|---|---|---|
| **Candidato** | **Partido/Coalición** | **Votos** | **Porcentaje** | **Regidores** |
| Carla Úrsula Corrales Corrales | Juntos Hacemos Historia | 4 768 | 58.81 % | 3/6 |
| Griselda Quintana García | Partido Revolucionario Institucional | 2 687 | 33.14 % | 3/6 |
| María Elena Pérez Ontiveros | Movimiento Ciudadano | 232 | 2.86 % | 0/6 |
| Raúl Mauricio Medina Torres | Redes Sociales Progresistas | 154 | 1.90 % | 0/6 |
| Mayra Yesenia Cebreros López | Partido Verde Ecologista de México | 33 | 0.41 % | 0/6 |
| Cecilia Rodríguez Edeza | Fuerza por México | 21 | 0.25 % | 0/6 |
| — | Candidatos no registrados | 1 | 0.01 % | — |
| **Total de votos válidos** | | **7 895** | **0.01 %** | **6** |
| **Votos nulos** | | **212** | **97.37 %** | |
| **Total de votos emitidos (participación)** | | **8 108** | **2.61 %** | |
| **Habitantes inscritos** | | **12 559** | **64.56 %** | |
| **Población** | | **17 012** | | |
| **Instituto Electoral del Estado de Sinaloa.** | | | | |

## *Ayuntamiento de Culiacán*

| Candidato | Partido/Coalición | Votos | % | Regidores |
|---|---|---|---|---|
| Jesús Estrada Ferreiro | Juntos Hacemos Historia | 150 171 | 45.29 | **7/12** |
| Faustino Hernández | Va por Sinaloa | 132 961 | 40.10 | **4/12** |
| Elizabeth Montoya Ojeda | MC | 16 891 | 5.09 | **1/12** |
| Otros | | 31 534 | 9.52 | **0/12** |
| **Total** | | | | **12/12** |

Fuente: Elaboración propia con cifras del IEES

| **Ayuntamiento de Culiacán** | | | **Resultados** | | |
|---|---|---|---|---|---|
| **Candidato** | | **Partido/ Coalición** | **Votos** | **Porcentaje** | **Regidores** |
| | Jesús Estrada Ferreiro | Juntos Hacemos Historia | 150 171 | 45.29 % | 7/12 |
| | Faustino Hernández | Va por Sinaloa | 132 961 | 40.10 % | 4/12 |
| | Elizabeth Montoya Ojeda | Movimiento Ciudadano | 16 891 | 5.09 % | 1/12 |
| PES | Miguel Ángel Millán Meza | Partido Encuentro Solidario | 5 259 | 1.59 % | 0/12 |
| | Siria Quiñónez López | Fuerza por México | 5 057 | 1.53 % | 0/12 |
| VERDE | Jorge Reynaldo Monroy Sato | Partido Verde Ecologista de México | 4 711 | 1.42 % | 0/12 |
| PT | Humberto Rubén Aramberry Sánchez | Partido del Trabajo | 4 492 | 1.35 % | 0/12 |
| RSP | Gabriel Guillermo Campos Beltrán | Redes Sociales Progresistas | 4 004 | 1.21 % | 0/12 |
| ? | — | Candidatos no registrados | 219 | 0.07 % | — |
| **Total de votos válidos** | | | **323 546** | **97.58 %** | **12** |

| Votos nulos | 7 792 | 2.35 % | |
|---|---|---|---|
| **Total de votos emitidos (participación)** | **331 557** | **45.62 %** | |
| **Habitantes inscritos** | **726 761** | | |
| **Población** | **1 003 530** | | |
| **Instituto Electoral del Estado de Sinaloa.** | | | |

## *Ayuntamiento de Choix*

| Candidato | Partido/Coalición | Votos | % | Regidores |
|---|---|---|---|---|
| Amalia Gastélum Barraza | Juntos hacemos historia | 6 331 | 43.46 | 3/6 |
| Dolores Maricela Cota Reynaga | PAN | 3 482 | 23.90 | 2/6 |
| Juan Carlos Ochoa Gil | PRD | 3 348 | 22.98 | 1/6 |
| Otros | | 1 406 | 9.66 | 0/6 |
| **Total** | | **14 567** | **100.0** | **6/6** |

Fuente: Elaboración propia con cifras del IEES

| Ayuntamiento de Choix | | | | Resultados | | |
|---|---|---|---|---|---|---|
| Candidato | | | Partido/Coalición | Votos | Porcentaje | Regidores |
| | | Amalia Gastélum Barraza | Juntos Hacemos Historia | 6 331 | 43.46 % | 3/6 |
| | PAN | Dolores Maricela Cota Reynaga | Partido Acción Nacional | 3 482 | 23.90 % | 2/6 |
| | PRD | Juan Carlos Ochoa Gil | Partido de la Revolución Democrática | 3 348 | 22.98 % | 1/6 |
| | PRI | Cruz Aidé Castillo Quiroz | Partido Revolucionario Institucional | 420 | 2.88 % | 0/6 |
| | RSP | María Lourdes Vega Portillo | Redes Sociales Progresistas | 200 | 1.37 % | 0/6 |

| | | | | | |
|---|---|---|---|---|---|
| | Luz Elena Márquez Sánchez | Fuerza por México | 115 | 0.79 % | 0/6 |
| | Josefa Magdalena Osorio Vega | Movimiento Ciudadano | 81 | 0.56 % | 0/6 |
| | Omar Contreras Lastra | Partido Verde Ecologista de México | 71 | 0.49 % | 0/6 |
| | Argenesis Julissa Fierro | Partido del Trabajo | 51 | 0.35 % | 0/6 |
| | Socorro Yadira Torres Miranda | Partido Encuentro Solidario | 46 | | 0/6 |
| | — | Candidatos no registrados | 1 | 0.01 % | — |
| **Total de votos válidos** | | | **14 145** | **97.10 %** | **6** |
| **Votos nulos** | | | **421** | **2.89 %** | |
| **Total de votos emitidos (participación)** | | | **14 567** | **60.64 %** | |
| **Habitantes inscritos** | | | **24 023** | | |
| **Población** | | | **29 334154** | | |
| **Instituto Electoral del Estado de Sinaloa.** | | | | | |

## *Ayuntamiento de Elota*

| **Candidato** | **Partido/Coalición** | **Votos** | **%** | **Regidores** |
|---|---|---|---|---|
| Ana Karen Val Medina | PT | 12 060 | 59.19 | 3/6 |
| Tomás Roberto Amador Carrasco | PRI | 4 343 | 21.32 | 2/6 |
| Olga Lidia García Gastélum | Juntos Hacemos Historia | 2 316 | 11.37 | 1/6 |
| Otros | | 1 655 | 8.12 | 0/6 |
| **Total** | | | **100.0** | **6/6** |

Fuente: Elaboración propia con cifras del IEES.

| Ayuntamiento de Elota | | | Resultados | | |
|---|---|---|---|---|---|
| Candidato | | Partido/Coalición | Votos | Porcentaje | Regidores |
| PT | Ana Karen Val Medina | Partido del Trabajo | 12 060 | 59.19 % | 3/6 |
| PRI | Tomás Roberto Amador Carrasco | Partido Revolucionario Institucional | 4 343 | 21.32 % | 2/6 |
| | Olga Lidia García Gastélum | Juntos Hacemos Historia | 2 316 | 11.37 % | 1/6 |
| PES | María del Rosario Gómez Maldonado | Partido Encuentro Solidario | 225 | 1.10 % | 0/6 |
| PAN | Amalia Villareal Cota | Partido Acción Nacional | 198 | 0.97 % | 0/6 |
| | Luz Alicia Gordoa Osuna | Movimiento Ciudadano | 134 | 0.66 % | 0/6 |
| VERDE | Graciela Álvarez Fregoso | Partido Verde Ecologista de México | 123 | 0.60 % | 0/6 |
| RSP | Érika Cristina Telles Noriega | Redes Sociales Progresistas | 110 | 0.54 % | 0/6 |
| FUERZA MÉXICO | Lía Margarita Lizárraga Sandoval | Fuerza por México | 34 | 0.17 % | 0/6 |
| ? | — | Candidatos no registrados | 1 | 0.01 % | — |
| **Total de votos válidos** | | | **19 543** | **95.92 %** | **6** |
| **Votos nulos** | | | **830** | **4.07 %** | |
| **Total de votos emitidos (participación)** | | | **20 374** | **61.94 %** | |
| **Habitantes inscritos** | | | **32 892** | | |
| **Población** | | | **55 339154** | | |
| **Instituto Electoral del Estado de Sinaloa.** | | | | | |

## *Ayuntamiento de Escuinapa*

| Candidato | Partido/Coalición | Votos | % | Regidores |
|---|---|---|---|---|
| Blanca Estela García Sánchez | Juntos Hacemos Historia | 5 483 | 22.46 | 5/9 |
| Víctor Manuel Díaz Simental | PT | 5 108 | 20.92 | 1/9 |
| José Luis Villagrana Olivares | PAN | 4 606 | 18.86 | 1/9 |
| Otros | | 9 218 | 37.76 | 2/9 |
| | | 24 415 | 100.0 | 9/9 |

Fuente: Elaboración propia con cifras del IEES

| Ayuntamiento de Escuinapa | | | | Resultados | | |
|---|---|---|---|---|---|---|
| Candidato | | | Partido/ Coalición | Votos | Porcentaje | Regidores |
| | | Blanca Estela García Sánchez | Juntos Hacemos Historia | 5 483 | 22.46 % | 5/9 |
| | PT | Víctor Manuel Díaz Simental | Partido del Trabajo | 5 108 | 20.92 % | 1/9 |
| | PAN | José Luis Villagrana Olivares | Partido Acción Nacional | 4 606 | 18.86 % | 1/9 |
| | | Hugo Enrique Moreno Guzmán | Movimiento Ciudadano | 4 316 | 17.68 % | 1/9 |
| | PRI | Aída Fernanda Oceguera Burques | Partido Revolucionario Institucional | 3 396 | 13.91 % | 1/9 |
| | RSP | Eliud Eleazar Aguilar Íñiguez | Redes Sociales Progresistas | 440 | 1.80 % | 0/9 |
| | PRD | Fernanda Alvarado Mayorquín | Partido de la Revolución Democrática | 126 | 0.52 % | 0/9 |
| | PES | Carolina Concepción Aguilar | Partido Encuentro Solidario | 92 | 0.38 % | 0/9 |

| | | | | | | |
|---|---|---|---|---|---|---|
| | | Elizabeth Acosta Briseño | Fuerza por México | 84 | 0.34 % | 0/9 |
| | | Gloria Guadalupe Ramos Pérez | Partido Verde Ecologista de México | 54 | 0.22 % | 0/9 |
| | | — | Candidatos no registrados | 3 | 0.01 % | — |
| **Total de votos válidos** | | | | **23 705** | **97.09 %** | **9** |
| **Votos nulos** | | | | **707** | **2.90 %** | |
| **Total de votos emitidos (participación)** | | | | **24 415** | **57.30 %** | |
| **Habitantes inscritos** | | | | **42 607** | | |
| **Población** | | | | **59 998154** | | |
| **Instituto Electoral del Estado de Sinaloa.** | | | | | | |

## *Ayuntamiento de El Fuerte*

| Candidato | Partido/Coalición | Votos | % | Regidores |
|---|---|---|---|---|
| Gildardo Leyva Ortega | MORENA | 12 537 | 30.33 | **5/9** |
| José Vicente Pico Orduño | PVEM | 11 538 | 27.92 | **1/9** |
| Cinthia Maribel Vega Quintero | Va por Sinaloa | 9 278 | 22.45 | **1/9** |
| Otros | | 7 976 | 19.3 | **2/9** |
| **Total** | | **41 329** | **100.0** | **7/9** |

Fuente: Elaboración propia con cifras del IEES.

| **Ayuntamiento de El Fuerte** | | | | **Resultados** | | |
|---|---|---|---|---|---|---|
| **Candidato** | | | **Partido/Coalición** | **Votos** | **Porcentaje** | **Regidores** |
| | | Gildardo Leyva Ortega | Movimiento Regeneración Nacional | 12 537 | 30.33 % | 5/9 |
| | | José Vicente Pico Orduño | Partido Verde Ecologista de México | 11 538 | 27.92 % | 1/9 |

| | | | | | |
|---|---|---|---|---|---|
| | Cinthia Maribel Vega Quintero | Va por Sinaloa | 9 278 | 22.45 % | 1/9 |
| | Antonio Cota González | Movimiento Ciudadano | 2 669 | 6.46 % | 1/9 |
| | Jairo Samuel Leyva Soto | Candidato independiente | 1 302 | 3.15 % | 1/9 |
| | María Eugenia Ramírez Escalante | Partido Sinaloense | 1 188 | 2.87 % | 0/9 |
| | José Antonio Castro Chávez | Fuerza por México | 513 | 1.24 % | 0/9 |
| | Jesús María Gámez Quintero | Partido Encuentro Solidario | 399 | 0.97 % | 0/9 |
| | Lizeth Guadalupe Gómez Acosta | Redes Sociales Progresistas | 399 | 0.97 % | 0/9 |
| | Israel Zamorano Lara | Candidato independiente | 218 | 0.53 % | 0/9 |
| | — | Candidatos no registrados | 11 | 0.02 % | — |
| **Total de votos válidos** | | | **40 041** | **96.88 %** | **9** |
| **Votos nulos** | | | **1 277** | **3.09 %** | |
| **Total de votos emitidos (participación)** | | | **41 329** | **55.60 %** | |
| **Habitantes inscritos** | | | **74 335** | | |
| **Población** | | | **96 593** | | |
| **Instituto Electoral del Estado de Sinaloa.** | | | | | |

## *Ayuntamiento de Guasave*

| Candidato | Partido/Coalición | Votos | % | Regidores |
|---|---|---|---|---|
| Martín Ahumada Quintero | Juntos Hacemos Historia | 52 246 | 53.32 | 7/12 |
| Jesús Antonio López Rodríguez | Va por Sinaloa | 41 317 | 40.62 | 5/12 |

| Rosario Antonio Ramírez | PES | 1 347 | 1.32 | 0/12 |
|---|---|---|---|---|
| Otros | | 6,822 | 7.74 | 0/12 |
| **Total** | | **101 732** | **92.26** | **12/12** |

Fuente: Elaboración propia con cifras del IEES.

| **Ayuntamiento de Guasave** | | | **Resultados** | | |
|---|---|---|---|---|---|
| | **Candidato** | **Partido/Coalición** | **Votos** | **Porcentaje** | **Regidores** |
| | Martín Ahumada Quintero | Juntos Hacemos Historia | 54 246 | 53.32 % | 7/12 |
| | Jesús Antonio López Rodríguez | Va por Sinaloa | 41 317 | 40.62 % | 5/12 |
| PES | Rosario Antonio Ramírez | Partido Encuentro Solidario | 1 347 | 1.32 % | 0/12 |
| RSP | Julio César Cervantes Camacho | Redes Sociales Progresistas | 1 255 | 1.23 % | 0/12 |
| | Rosario Yamira López Acosta | Movimiento Ciudadano | 1 120 | 1.10 % | 0/12 |
| | Karen Lizeth Soto Sandoval | Fuerza por México | 526 | 0.52 % | 0/12 |
| ? | — | Candidatos no registrados | 32 | 0.03 % | — |
| **Total de votos válidos** | | | **99 811** | **98.11 %** | **12** |
| **Votos nulos** | | | **1 889** | **1.86 %** | |
| **Total de votos emitidos (participación)** | | | **101 732** | **46.84 %** | |
| **Habitantes inscritos** | | | **217 196** | | |
| **Población** | | | **289 370** | | |
| **Instituto Electoral del Estado de Sinaloa.** | | | | | |

## *Ayuntamiento de Mazatlán*

| Candidato | Partido/Coalición | Votos | % | Regidores |
|---|---|---|---|---|
| Luis Guillermo Benítez Torres | PAS | 83 601 | 49.31 | 7/12 |
| Fernando Pucheta Sánchez | Va por Sinaloa | 59 440 | 35.06 | 3/12 |
| Martín Heredia Lizárraga | MC | 9 371 | 2.53 | 1/12 |
| Otros | | 17 136 | 13.1 | 1/12 |
| **Total** | | **169 548** | **100.0** | **12/12** |

Fuente: Elaboración propia con cifras del IEES.

| Ayuntamiento de Mazatlán | | | | Resultados | | |
|---|---|---|---|---|---|---|
| Candidato | | | Partido/Coalición | Votos | Porcentaje | Regidores |
| | | Luis Guillermo Benítez Torres | Juntos Hacemos Historia | 83 601 | 49.31 % | 7/12 |
| | | Fernando Pucheta Sánchez | Va por Sinaloa | 59 440 | 35.06 % | 3/12 |
| | | Martín Heredia Lizárraga | Movimiento Ciudadano | 9 371 | 5.53 % | 1/12 |
| | | Samuel Lizárraga Camacho | Fuerza por México | 5 255 | 3.10 % | 1/12 |
| | PES | Judith Villa Rodríguez | Partido Encuentro Solidario | 2 990 | 1.76 % | 0/12 |
| | PT | Diana Jael García Sosa | Partido del Trabajo | 2 103 | 1.24 % | 0/12 |
| | VERDE | José Antonio López Farías | Partido Verde Ecologista de México | 1 581 | 0.93 % | 0/12 |
| | RSP | Lorena Margarita Domínguez Ocampo | Redes Sociales Progresistas | 1 093 | 0.64 % | 0/12 |
| | ? | — | Candidatos no registrados | 286 | 0.17 % | — |

| Ayuntamiento de Mazatlán | | Resultados | | |
|---|---|---|---|---|
| Candidato | Partido/Coalición | Votos | Porcentaje | Regidores |
| Total de votos válidos | | 165 434 | 97.57 % | 12 |
| Votos nulos | | 3 828 | 2.26 % | |
| Total de votos emitidos (participación) | | 169 548 | 45.17 % | |
| Habitantes inscritos | | 375 358 | | |
| Población | | 501 441 | | |
| Instituto Electoral del Estado de Sinaloa. | | | | |

## *Ayuntamiento de Mocorito*

| Candidato | Partido/Coalición | Votos | % | Regidores |
|---|---|---|---|---|
| María Elizalde Ruelas | Juntos Hacemos Historia | 7 074 | 33.32 | 5/9 |
| Óscar Sinforoso Camacho Rodríguez | PRI | 6 243 | 29.40 | 2/9 |
| José Alfredo López Castro | PRD | 3 791 | 17.85 | 1/9 |
| Otros | | 4 125 | 19.43 | 1/9 |
| **Total** | | **21 233** | **100.0** | **9/9** |

Fuente: Elaboración propia con cifras del IEES.

| Ayuntamiento de Mocorito | | | | Resultados | | |
|---|---|---|---|---|---|---|
| Candidato | | | Partido/Coalición | Votos | Porcentaje | Regidores |
| | | María Elizalde Ruelas | Juntos Hacemos Historia | 7 074 | 33.32 % | 5/9 |
| | PRI | Óscar Sinforoso Camacho Rodríguez | Partido Revolucionario Institucional | 6 243 | 29.40 % | 2/9 |
| | PRD | José Alfredo López Castro | Partido de la Revolución Democrática | 3 791 | 17.85 % | 1/9 |
| | | Valerio Guadalupe Cervantes Gastélum | Movimiento Ciudadano | 1 841 | 8.67 % | 1/9 |

| | | | | | | |
|---|---|---|---|---|---|---|
| | | Carlos Pérez Villa | Partido Encuentro Solidario | 625 | 2.94 % | 0/9 |
| | | Herwen Hernán Cuevas Rivas | Fuerza por México | 334 | 1.57 % | 0/9 |
| | | Gloria Leticia Ramírez Medina | Partido Acción Nacional | 322 | 1.52 % | 0/9 |
| | | Gabriela Montoya Peinado | Partido Verde Ecologista de México | 109 | 0.51 % | 0/9 |
| | | Francisco Javier Quiñónez Montoya | Redes Sociales Progresistas | 104 | 0.49 % | 0/9 |
| **Total de votos válidos** | | | | **20 443** | **96.27 %** | **9** |
| **Votos nulos** | | | | **790** | **3.73 %** | |
| **Total de votos emitidos (participación)** | | | | **21 233** | **59.01 %** | |
| **Habitantes inscritos** | | | | **35 982** | | |
| **Población** | | | | **40 358** | | |
| **Instituto Electoral del Estado de Sinaloa.** | | | | | | |

## *Ayuntamiento de El Rosario*

| Candidato | Partido/Coalición | Votos | % | Regidores |
|---|---|---|---|---|
| Claudia Liliana Valdez Aguilar | Juntos Hacemos Historia | 7 112 | 33.95 | 5/9 |
| Luis Ernesto Gallardo Quintero | PAN | 6 274 | 29.95 | 2/9 |
| Virgilio Sánchez Sarmiento | Fuerza por México | 1 868 | 8.92 | 1/9 |
| Otros | | 5 697 | 27.18 | 1/9 |
| **Total** | | **20 951** | **100.0** | **9/9** |

Fuente: Elaboración propia con cifras del IEES.

| Ayuntamiento de El Rosario | | | Resultados | | |
|---|---|---|---|---|---|
| Candidato | | Partido/Coalición | Votos | Porcentaje | Regidores |
| | Claudia Liliana Valdez Aguilar | Juntos Hacemos Historia | 7 112 | 33.95 % | 5/9 |
| PAN | Luis Ernesto Gallardo Quintero | Partido Acción Nacional | 6 274 | 29.95 % | 2/9 |
| | Virgilio Sánchez Sarmiento | Fuerza por México | 1 868 | 7.30 % | 1/9 |
| PRI | Laura Valenciana Tamayo | Partido Revolucionario Institucional | 1 529 | 2.33 % | 1/9 |
| PT | Guadalupe de la Rosa Zataráin | Partido del Trabajo | 489 | 2.21 % | 0/9 |
| | María Alicia Valdez Medina | Movimiento Ciudadano | 464 | 2.21 % | 0/9 |
| PES | Celia Gloria Chávez Carrasco | Partido Encuentro Solidario | 464 | 0.82 % | 0/9 |
| PRD | Claudia Angélica Carrasco Peinado | Partido de la Revolución Democrática | 172 | 0.82 % | 0/9 |
| VERDE | María de Jesús Ayala Vizcarra | Partido Verde Ecologista de México | 78 | 0.37 % | 0/9 |
| ? | — | Candidatos no registrados | 1 | 0.01 % | — |
| **Total de votos válidos** | | | **18 450** | **88.06 %** | **9** |
| **Votos nulos** | | | **2 500** | **11.93 %** | |
| **Total de votos emitidos (participación)** | | | **20 951** | **54.52 %** | |
| **Habitantes inscritos** | | | **38 428** | | |
| **Población** | | | **52 345** | | |
| **Instituto Electoral del Estado de Sinaloa.** | | | | | |

## Ayuntamiento de Salvador Alvarado

| Candidato | Partido/Coalición | Votos | % | Regidores |
|---|---|---|---|---|
| Armando Camacho Aguilar | Juntos Hacemos Historia | 24 841 | 68.51 | **5/9** |
| Liliana Angélica Cárdenas Valenzuela | Va por Sinaloa | 7 911 | 21.82 | **4/9** |
| Aleida López García | Redes Sociales Progresistas | 756 | 2.09 | **0/9** |
| Otros | | 2 746 | 7.58 | **0/9** |
| **Total** | | **36 254** | **100.0** | **9/9** |

Fuente: Elaboración propia con cifras del IEES.

| Ayuntamiento de Salvador Alvarado | | | Resultados | | |
|---|---|---|---|---|---|
| Candidato | | Partido/Coalición | Votos | Porcentaje | Regidores |
| | Armando Camacho Aguilar | Juntos Hacemos Historia | 24 841 | 68.51 % | 5/9 |
| | Liliana Angélica Cárdenas Valenzuela | Va por Sinaloa | 7 911 | 21.82 % | 4/9 |
| | Aleida López García | Redes Sociales Progresistas | 756 | 2.09 % | 0/9 |
| | Paciano Mojardín Heráldez | Movimiento Ciudadano | 590 | 1.63 % | 0/9 |
| | Jesús Alfredo Gaxiola Camacho | Fuerza por México | 590 | 1.63 % | 0/9 |
| | Ana Cristina Irízar Avedoy | Partido Verde Ecologista de México | 557 | 1.54 % | 0/9 |
| | Pedro Alonso Heráldez Higuera | Partido del Trabajo | 348 | 0.96 % | 0/9 |
| | — | Candidatos no registrados | 7 | 0.02 % | — |
| **Total de votos válidos** | | | **35 593** | **98.18 %** | **9** |
| **Votos nulos** | | | **654** | **1.80 %** | |
| **Total de votos emitidos (participación)** | | | **36 254** | **56.70 %** | |

| Habitantes inscritos | 63 943 | | |
|---|---|---|---|
| Población | 79 492 | | |
| Instituto Electoral del Estado de Sinaloa. | | | |

## *Ayuntamiento de San Ignacio*

| Candidato | Partido/Coalición | Votos | % | Regidores |
|---|---|---|---|---|
| Octavio Bastidas Manjarrez | PES | 4 873 | 48.19 | 3/6 |
| Jesús Alfonso Lafarga Vega | PVEM | 2 007 | 19.85 | 1/6 |
| Luis Fernando Sando-val Morales | PRI | 1 783 | 17.63 | 1/6 |
| Otros | | 1 449 | 14.33 | 1/6 |
| **TOTAL** | | **10 112** | **100.0** | **6/6** |

Fuente: Elaboración propia con cifras del IEES.

| Ayuntamiento de San Ignacio | | | | Resultados | | |
|---|---|---|---|---|---|---|
| Candidato | | | Partido/Coalición | Votos | Porcentaje | Regidores |
| | PES | Octavio Bastidas Manjarrez | Partido Encuentro Solidario | 4 873 | 48.19 % | 3/6 |
| | VERDE | Jesús Alfonso Lafarga Vega | Partido Verde Ecologista de México | 2 007 | 19.85 % | 1/6 |
| | PRI | Luis Fernando Sandoval Morales | Partido Revolucionario Institucional | 1 783 | 17.63 % | 1/6 |
| | | Camelia Lizbeth Zamora Lara | Juntos Hacemos Historia | 667 | 6.60 % | 1/6 |
| | PAN | Selene Ponce Lafarga | Partido Acción Nacional | 122 | 1.21 % | 0/6 |
| | | Alberto Salvador Torrero Tolosa | Fuerza por México | 73 | 0.72 % | 0/6 |

| | | | | | |
|---|---|---|---|---|---|
| | Nivardo Zamora Loaiza | Movimiento Ciudadano | 60 | 0.59 % | 0/6 |
| | Isela Verónica González Tapia | Partido de la Revolución Democrática | 27 | 0.27 % | 0/6 |
| **Total de votos válidos** | | | **9 612** | **95.06 %** | **6** |
| **Votos nulos** | | | **500** | **4.94 %** | |
| **Total de votos emitidos (participación)** | | | **10 112** | **63.35 %** | |
| **Habitantes inscritos** | | | **15 961** | | |
| **Población** | | | **19 505** | | |
| **Instituto Electoral del Estado de Sinaloa.** | | | | | |

## *Ayuntamiento de Sinaloa*

| Candidato | Partido/Coalición | Votos | % | Regidores |
|---|---|---|---|---|
| Rolando Mercado Araujo | PRI | 11 443 | 43.04 | 5/9 |
| Mónica Cecilia Nava Castro | Juntos Hacemos Historia | 6 432 | 24.19 | 1/9 |
| José Wascar Torres Gálvez | PAS | 3 606 | 13.56 | 1/9 |
| Otros | | 5 106 | 19.21 | 2/9 |
| **Total** | | **26 587** | **100.0** | **9/9** |

Fuente: Elaboración propia con cifras del IEES

| **Ayuntamiento de Sinaloa** | | | **Resultados** | | |
|---|---|---|---|---|---|
| **Candidato** | | **Partido/Coalición** | **Votos** | **Porcentaje** | **Regidores** |
| | Rolando Mercado Araujo | Partido Revolucionario Institucional | 11 443 | 43.04 % | 5/9 |
| | Mónica Cecilia Nava Castro | Movimiento Regeneración Nacional | 6 432 | 24.19 % | 1/9 |
| | José Wáscar Torres Gálvez | Partido Sinaloense | 3 606 | 13.56 % | 1/9 |

| | | | | | | |
|---|---|---|---|---|---|---|
| | | Jehovaneha Guadalupe Lugo | Movimiento Ciudadano | 988 | 3.72 % | 1/9 |
| | PT | Nadia López Bojórquez | Partido del Trabajo | 948 | 3.56 % | 1/9 |
| | PAN | Rodrigo Castillo Cota | Partido Acción Nacional | 806 | 3.03 % | 0/9 |
| | PES | Laura Elena Ruelas Valdez | Partido Encuentro Solidario | 539 | 2.03 % | 0/9 |
| | RSP | Javier Báez Cota | Redes Sociales Progresistas | 348 | 1.31 % | 0/9 |
| | VERDE | Wilfrido Sandoval Lozano | Partido Verde Ecologista de México | 164 | 0.62 % | 0/9 |
| | | Osvaldo Espinoza Meléndrez | Fuerza por México | 124 | 0.47 % | 0/9 |
| | ? | — | Candidatos no registrados | 2 | 0.01 % | — |
| **Total de votos válidos** | | | | **25 398** | **95.53 %** | **9** |
| **Votos nulos** | | | | **1 187** | **4.46 %** | |
| **Total de votos emitidos (participación)** | | | | **26 587** | **41.03 %** | |
| **Habitantes inscritos** | | | | **64 798** | | |
| **Población** | | | | **78 670** | | |
| **Instituto Electoral del Estado de Sinaloa.** | | | | | | |

## *Ayuntamiento de Navolato*

| Candidato | Partido/Coalición | Votos | % | Regidores |
|---|---|---|---|---|
| Margoth Urrea Pérez | Juntos Hacemos Historia | 17 130 | 31.78 | **5/9** |
| Jesús Rigoberto Mejía Samaniego | PRI | 15 239 | 28.28 | **1/9** |
| Eliazar Gutiérrez Angulo | PT | 7 887 | 14.63 | **1/9** |
| Otros | | 13 643 | 25.31 | **2/9** |
| Total | | **53 899** | **100.0** | **9/9** |

Fuente: Elaboración propia con cifras del IEES.

| Ayuntamiento de Navolato | | | Resultados | | |
|---|---|---|---|---|---|
| Candidato | | Partido/Coalición | Votos | Porcentaje | Regidores |
| | Margoth Urrea Pérez | Juntos Hacemos Historia | 17 130 | 31.78 % | 5/9 |
| | Jesús Rigoberto Mejía Samaniego | Partido Revolucionario Institucional | 15 239 | 28.28 % | 1/9 |
| | Eliazar Gutiérrez Angulo | Partido del Trabajo | 7 887 | 14.63 % | 1/9 |
| | Aaron Hernán Aldana Castro | Movimiento Ciudadano | 5 019 | 9.31 % | 1/9 |
| | César Quevedo Inzunza | Partido Acción Nacional | 4 091 | 7.59 % | 1/9 |
| | Mayra de Jesús Hernández Sainz | Redes Sociales Progresistas | 1 173 | 2.18 % | 0/9 |
| | Érika Yamell Seamanduras Rivera | Partido Verde Ecologista de México | 832 | 1.54 % | 0/9 |
| | Josefina Inzunza Camacho | Partido Encuentro Solidario | 713 | 1.32 % | 0/9 |
| | Francisco Joel Rivera Sandoval | Fuerza por México | 350 | 0.65 % | 0/9 |
| | — | Candidatos no registrados | 5 | 0.01 % | — |
| **Total de votos válidos** | | | **52 434** | **97.28 %** | **9** |
| **Votos nulos** | | | **1 460** | **2.71 %** | |
| **Total de votos emitidos (participación)** | | | **53 899** | **49.73 %** | |
| **Habitantes inscritos** | | | **108 381** | | |
| **Población** | | | **149 122** | | |
| **Instituto Electoral del Estado de Sinaloa.** | | | | | |

*Congreso del Estado*

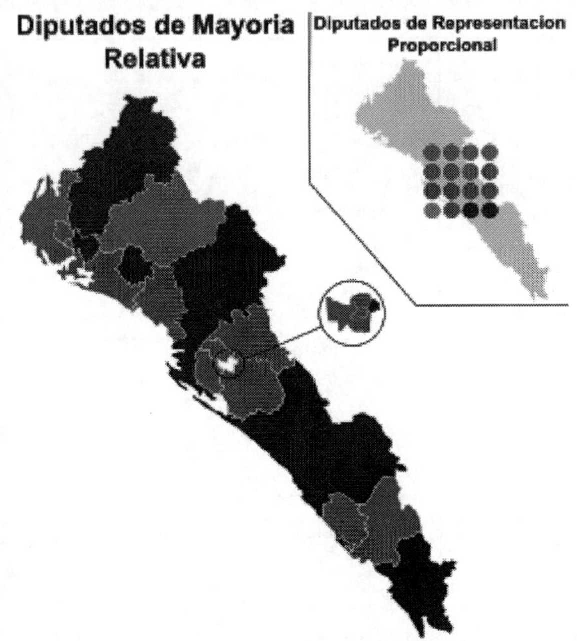


## *Diputados LXIII Legislatura del Congreso del Estado de Sinaloa*

| Partido | | Votos | Porcentaje | Escaños | | |
|---|---|---|---|---|---|---|
| | | | | Mayoría relativa | Plurinominal | Total |
| | Movimiento Regeneración Nacional | 458 364 | 41.79 % | 15 | 5 | 20/40 |
| | Partido Revolucionario Institucional | 255 092 | 23.26 % | 1 | 7 | 8/40 |
| | Partido Acción Nacional | 92 137 | 8.40 % | 0 | 2 | 2/40 |
| | Partido Sinaloense | 82 844 | 7.55 % | 8 | 0 | 8/40 |

| | Partido | Votos | Porcentaje | | | |
|---|---|---|---|---|---|---|
| | Movimiento Ciudadano | 45 338 | 4.14 % | 0 | 1 | 1/40 |
| | Partido del Trabajo | 31 769 | 2.90 % | 0 | 1 | 1/40 |
| | Partido Verde Ecologista de México | 28 145 | 2.57 % | 0 | - | 0/40 |
| | Partido de la Revolución Democrática | 19 757 | 1.80 % | 0 | - | 0/40 |
| | Fuerza por México | 16 642 | 1.52 % | 0 | - | 0/40 |
| | Redes Sociales Progresistas | 15 722 | 1.43 % | 0 | - | 0/40 |
| | Partido Encuentro Solidario | 11 653 | 1.06 % | 0 | - | 0/40 |
| | Candidaturas independientes | 2 102 | 0.19 % | 0 | - | 0/40 |
| | Candidatos no registrados | 639 | 0.06 % | — | — | — |
| **Total de votos válidos** | | **1 059 565** | **96.61 %** | **24** | **16** | **40** |
| **Votos nulos** | | **36 560** | **3.33 %** | | | |
| **Total (participación)** | | **1 096 764** | **48.70 %** | | | |
| **Habitantes inscritos** | | **2 252 107** | | | | |
| **Instituto Electoral del Estado de Sinaloa.** | | | | | | |

## *Distrito I (El Fuerte)*

| **Distrito electoral estatal 1 de Sinaloa** | | | **Resultados** | |
|---|---|---|---|---|
| **Candidato** | | **Partido/Coalición** | **Votos** | **Porcentaje** |
| | Martín Vega Álvarez | Juntos Hacemos Historia | 22 988 | 40.57 % |
| | María Guadalupe Buitimea Buitimea | Va por Sinaloa | 15 392 | 27.16 % |
| | Edgar Omar Castro Valdez | Partido Verde Ecologista de México | 10 757 | 18.98 % |

| | | | | |
|---|---|---|---|---|
| | Claudia Martínez Pacheco | Movimiento Ciudadano | 2 662 | 4.70 % |
| | Samir Herrera Fierro | Candidato independiente | 1 350 | 2.38 % |
| | Martín de Jesús Galaviz Serrano | Fuerza por México | 630 | 1.11 % |
| | Magdalena Arredondo Martínez | Redes Sociales Progresistas | 589 | 1.04 % |
| | Jesús Adrián Escalante Martínez | Partido Encuentro Solidario | 383 | 0.68 % |
| | — | Candidatos no registrados | 17 | 0.03 % |
| **Total de votos válidos** | | | **54 751** | **96.62 %** |
| **Votos nulos** | | | **1 897** | **3.35 %** |
| **Total de votos emitidos (participación)** | | | **56 665** | **57.61 %** |
| **Habitantes inscritos** | | | **98 358** | |
| **Instituto Electoral del Estado de Sinaloa.** | | | | |

## *Distrito II (Los Mochis)*

| **Distrito electoral estatal 2 de Sinaloa** | | | **Resultados** | |
|---|---|---|---|---|
| **Candidato** | | **Partido/Coalición** | **Votos** | **Porcentaje** |
| | Juana Minerva Vázquez González | Juntos Hacemos Historia | 19 997 | 44.12 % |
| | Liliana Acuña Godoy | Va por Sinaloa | 14 360 | 31.68 % |
| | Julio César Valdez Guerrero | Partido del Trabajo | 5 770 | 12.73 % |
| | Ana Bertha Esparza Castro | Movimiento Ciudadano | 1 744 | 3.85 % |
| | Carlos Martin Valenzuela Navarro | Fuerza por México | 814 | 1.80 % |
| | Mayra Julissa Román Escalante | Redes Sociales Progresistas | 576 | 1.27 % |

| | | | | |
|---|---|---|---|---|
| | Luz Arely Barrón Córdova | Partido Verde Ecologista de México | 567 | 1.25 % |
| | Mariana Molina Verdugo | Partido Encuentro Solidario | 340 | 0.75 % |
| | — | Candidatos no registrados | 23 | 0.05 % |
| **Total de votos válidos** | | | **44 168** | **97.45 %** |
| **Votos nulos** | | | **1 131** | **2.50 %** |
| **Total de votos emitidos (participación)** | | | **45 322** | **47.82 %** |
| **Habitantes inscritos** | | | **94 777** | |
| **Instituto Electoral del Estado de Sinaloa.** | | | | |

## *Distrito III (Los Mochis)*

| **Distrito electoral estatal 3 de Sinaloa** | | | **Resultados** | |
|---|---|---|---|---|
| **Candidato** | | **Partido/Coalición** | **Votos** | **Porcentaje** |
| | César Ismael Guerrero Alarcón | Juntos Hacemos Historia | 21 524 | 50.72 % |
| | Bernardino Antelo Esper | Va por Sinaloa | 11 425 | 26.91 % |
| | Cecilio Portillo | Partido del Trabajo | 3 215 | 7.57 % |
| | Héctor Álvarez Ortiz | Movimiento Ciudadano | 2 222 | 5.23 % |
| | Gilma Sierra Cázarez | Fuerza por México | 1 134 | 2.67 % |
| | Luis Gerardo Aguilar Beltrán | Redes Sociales Progresistas | 903 | 2.13 % |
| | Edelmira Ochoa Vega | Partido Verde Ecologista de México | 316 | 0.74 % |
| | Hugo Melitón Ruiz Robles | Partido Encuentro Solidario | 298 | 0.70 % |
| | — | Candidatos no registrados | 15 | 0.04 % |

| Total de votos válidos | 41 037 | 96.67 % |
|---|---|---|
| Votos nulos | 1 397 | 3.29 % |
| Total de votos emitidos (participación) | 42 449 | 48.58 % |
| Habitantes inscritos | 87 382 | |
| Instituto Electoral del Estado de Sinaloa. | | |

## *Distrito IV (Los Mochis)*

| Distrito electoral estatal 4 de Sinaloa | | Resultados | |
|---|---|---|---|
| Candidato | Partido/Coalición | Votos | Porcentaje |
| Elizabeth Chía Galaviz | Juntos Hacemos Historia | 19 511 | 47.10 % |
| Dulce María Ruiz Castro | Va por Sinaloa | 15 122 | 36.50 % |
| Dora Ayala Torres | Partido del Trabajo | 2 059 | 4.97 % |
| Ángel Rosario Juárez Cervantes | Movimiento Ciudadano | 1 260 | 3.04 % |
| Margarita González Mendoza | Fuerza por México | 1 076 | 2.60 % |
| Carlos César Cervantes Barrón | Redes Sociales Progresistas | 690 | 1.67 % |
| María del Rosario Esquer Lamphar | Partido Verde Ecologista de México | 432 | 1.04 % |
| Alma Delia Miranda Galaviz | Partido Encuentro Solidario | 259 | 0.62 % |
| — | Candidatos no registrados | 15 | 0.04 % |
| Total de votos válidos | | 40 409 | 97.54 % |
| Votos nulos | | 1 004 | 2.42 % |
| Total de votos emitidos (participación) | | 41 428 | 46.02 % |
| Habitantes inscritos | | 90 013 | |
| Instituto Electoral del Estado de Sinaloa. | | | |

## *Distrito V (Los Mochis)*

| Distrito electoral estatal 5 de Sinaloa | | | Resultados | |
|---|---|---|---|---|
| Candidato | | Partido/Coalición | Votos | Porcentaje |
| | Cecilia Covarrubias González | Juntos Hacemos Historia | 24 731 | 53.67 % |
| | Ariel Alonso Aguilar Algandar | Va por Sinaloa | 16 659 | 36.15 % |
| | Arely Figueroa Rubio | Partido del Trabajo | 1 222 | 2.65 % |
| | Martín Luis Balderrama Ortiz | Movimiento Ciudadano | 1 208 | 2.62 % |
| | Primitivo Reyes Berrelleza | Fuerza por México | 639 | 1.39 % |
| | Margarita Ayón Soto | Redes Sociales Progresistas | 286 | 0.62 % |
| | Ignacio Escalante Islas | Partido Encuentro Solidario | 237 | 0.51 % |
| | Fausto Flores Paredes | Partido Verde Ecologista de México | 212 | 0.46 % |
| | — | Candidatos no registrados | 15 | 0.03 % |
| **Total de votos válidos** | | | **45 194** | **98.07 %** |
| **Votos nulos** | | | **873** | **1.90 %** |
| **Total de votos emitidos (participación)** | | | **46 082** | **48.39 %** |
| **Habitantes inscritos** | | | **95 230** | |
| **Instituto Electoral del Estado de Sinaloa.** | | | | |

## *Distrito VI (Sinaloa)*

| Distrito electoral estatal 6 de Sinaloa | | | Resultados | |
|---|---|---|---|---|
| Candidato | | Partido/Coalición | Votos | Porcentaje |
| | Feliciano Valle Sandoval | Va por Sinaloa | 16 311 | 46.50 % |

| | | | | | |
|---|---|---|---|---|---|
| | | José Román Rubio López | Juntos Hacemos Historia | 14 585 | 41.58 % |
| | | Francisca Cota Romero | Partido del Trabajo | 826 | 2.35 % |
| | | Dolores de Jesús Bojórquez Espinoza | Movimiento Ciudadano | 567 | 1.62 % |
| | | Ernesto Antonio Ibarra | Redes Sociales Progresistas | 451 | 1.29 % |
| | | Francisco Javier Moreno Villanueva | Partido Encuentro Solidario | 425 | 1.21 % |
| | | Tania Patricia Almodóvar Sánchez | Partido Verde Ecologista de México | 184 | 0.52 % |
| | | Vicente Aboyte Higuera | Fuerza por México | 154 | 0.43 % |
| | | — | Candidatos no registrados | 2 | 0.01 % |
| **Total de votos válidos** | | | | **33 503** | **95.50 %** |
| **Votos nulos** | | | | **1 575** | **4.49 %** |
| **Total de votos emitidos (participación)** | | | | **35 080** | **43.03 %** |
| **Habitantes inscritos** | | | | **81 531** | |
| **Instituto Electoral del Estado de Sinaloa.** | | | | | |

## *Distrito VII (Guasave)*

| **Distrito electoral estatal 7 de Sinaloa** | | | | **Resultados** | |
|---|---|---|---|---|---|
| **Candidato** | | | **Partido/Coalición** | **Votos** | **Porcentaje** |
| | | Alba Virgen Montes Álvarez | Juntos Hacemos Historia | 23 111 | 52.92 % |
| | | Víctor Manuel Espinoza Bojórquez | Va por Sinaloa | 17 537 | 40.16 % |
| | | María Consuelo Reyes López | Movimiento Ciudadano | 645 | 1.48 % |
| | | Jenifer Navarro Olán | Partido Encuentro Solidario | 591 | 1.35 % |

| | | | | |
|---|---|---|---|---|
| | Rubén Humberto Sandoval León | Redes Sociales Progresistas | 329 | 0.75 % |
| | Denise Vanessa Orduño | Partido Verde Ecologista de México | 175 | 0.40 % |
| | María Yudit Sánchez Alonso | Partido del Trabajo | 164 | 0.38 % |
| | — | Candidatos no registrados | 17 | 0.04 % |
| **Total de votos válidos** | | | **45 552** | **97.44 %** |
| **Votos nulos** | | | **1 102** | **2.52 %** |
| **Total de votos emitidos (participación)** | | | **43 671** | **50.17 %** |
| **Habitantes inscritos** | | | **87 052** | |
| **Instituto Electoral del Estado de Sinaloa.** | | | | |

## *Distrito VIII (Guasave)*

| **Distrito electoral estatal 8 de Sinaloa** | | | **Resultados** | |
|---|---|---|---|---|
| **Candidato** | | **Partido/Coalición** | **Votos** | **Porcentaje** |
| | Felicita Pompa Robles | Juntos Hacemos Historia | 23 030 | 55.60 % |
| | José Socorro Castro Gálvez | Va por Sinaloa | 15 435 | 37.26 % |
| | Soila Candelaria Lascano Bacasegua | Movimiento Ciudadano | 575 | 1.39 % |
| | Francisco Guadalupe Soto Sánchez | Partido Encuentro Solidario | 532 | 1.28 % |
| | Camelia Luque López | Redes Sociales Progresistas | 505 | 1.22 % |
| | Martha Ofelia Obeso Loredo | Fuerza por México | 197 | 0.48 % |
| | Clarisa Franco Rodríguez | Partido del Trabajo | 152 | 0.37 % |

| | | | | |
|---|---|---|---|---|
| | — | Candidatos no registrados | 12 | 0.03 % |
| **Total de votos válidos** | | | **40 426** | **97.60 %** |
| **Votos nulos** | | | **981** | **2.37 %** |
| **Total de votos emitidos (participación)** | | | **41 419** | **48.48 %** |
| **Habitantes inscritos** | | | **85 444** | |
| **Instituto Electoral del Estado de Sinaloa.** | | | | |

*Distrito IX (Guamúchil)*

| **Distrito electoral estatal 9 de Sinaloa** | | | **Resultados** | |
|---|---|---|---|---|
| **Candidato** | | **Partido/Coalición** | **Votos** | **Porcentaje** |
| | Ambrocio Chávez Chávez | Juntos Hacemos Historia | 34 719 | 55.70 % |
| | José Manuel Valenzuela López | Va por Sinaloa | 20 524 | 32.92 % |
| | Alonso Humberto Higuera López | Redes Sociales Progresistas | 1 697 | 2.72 % |
| | Mario Joel López Guzmán | Partido Verde Ecologista de México | 1 602 | 2.57 % |
| | Agustín Jaime Salazar de la Cerda | Fuerza por México | 1 059 | 1.70 % |
| | Marisol Sáinz García | Movimiento Ciudadano | 811 | 1.30 % |
| | Olivia Burgos Burgos | Partido del Trabajo | 312 | 0.50 % |
| | — | Candidatos no registrados | 20 | 0.03 % |
| **Total de votos válidos** | | | **60 724** | **97.41 %** |
| **Votos nulos** | | | **1 597** | **2.56 %** |
| **Total de votos emitidos (participación)** | | | **62 341** | **62.01 %** |
| **Habitantes inscritos** | | | **100 530** | |
| **Instituto Electoral del Estado de Sinaloa.** | | | | |

## *Distrito X (Mocorito)*

| Distrito electoral estatal 10 de Sinaloa | | | Resultados | |
|---|---|---|---|---|
| Candidato | | Partido/Coalición | Votos | Porcentaje |
| | Luz Verónica Avilés Rochín | Juntos Hacemos Historia | 23 170 | 47.50 % |
| | Martha Antonia Aguilar Payán | Va por Sinaloa | 17 866 | 36.62 % |
| | Irving de Jesús Garzón Ruiz | Movimiento Ciudadano | 3 069 | 6.29 % |
| | Brenda Yudith Chan López | Partido del Trabajo | 1 303 | 2.67 % |
| | Adalberto Moya Alapizco | Redes Sociales Progresistas | 474 | 0.97 % |
| | María Elena Villa Rivera | Fuerza por México | 400 | 0.82 % |
| | Elda Agripina Montoya López | Partido Verde Ecologista de México | 300 | 0.61 % |
| | — | Candidatos no registrados | 13 | 0.03 % |
| **Total de votos válidos** | | | **46 582** | **95.48 %** |
| **Votos nulos** | | | **2 187** | **4.49 %** |
| **Total de votos emitidos (participación)** | | | **48 782** | **58.71 %** |
| **Habitantes inscritos** | | | **83 090** | |
| **Instituto Electoral del Estado de Sinaloa.** | | | | |

## *Distrito XI (Navolato)*

| Distrito electoral estatal 11 de Sinaloa | | | Resultados | |
|---|---|---|---|---|
| Candidato | | Partido/Coalición | Votos | Porcentaje |
| | Marco César Almaral Rodríguez | Juntos Hacemos Historia | 16 698 | 42.31 % |
| | Rosa del Carmen Rodríguez Vega | Va por Sinaloa | 12 066 | 30.58 % |

| | Candidato | Partido/Coalición | Votos | Porcentaje |
|---|---|---|---|---|
| | Luis Fernando Quezada Bustamante | Movimiento Ciudadano | 4 022 | 10.19 % |
| | Irma Guadalupe Meza Torres | Partido del Trabajo | 3 513 | 8.90 % |
| | Miguel Enrique Calderón Quevedo | Partido Verde Ecologista de México | 841 | 2.13 % |
| | Alfredo Sicairos Rivas | Redes Sociales Progresistas | 685 | 1.74 % |
| | José Ricardo Vidales Castro | Partido Encuentro Solidario | 399 | 1.01 % |
| | Juan Ramón García Gastélum | Fuerza por México | 270 | 0.68 % |
| | — | Candidatos no registrados | 21 | 0.05 % |
| **Total de votos válidos** | | | **38 494** | **97.54 %** |
| **Votos nulos** | | | **948** | **2.41 %** |
| **Total de votos emitidos (participación)** | | | **39 463** | **46.86 %** |
| **Habitantes inscritos** | | | **84 223** | |
| **Instituto Electoral del Estado de Sinaloa.** | | | | |

## *Distrito XII (Culiacán)*

| **Distrito electoral estatal 12 de Sinaloa** | | | **Resultados** | |
|---|---|---|---|---|
| **Candidato** | | **Partido/Coalición** | **Votos** | **Porcentaje** |
| | Almendra Ernestina Negrete Sánchez | Juntos Hacemos Historia | 27 616 | 49.76 % |
| | Juan Gabriel Ballardo Valdez | Va por Sinaloa | 19 417 | 34.99 % |
| | Mario Ímaz López | Movimiento Ciudadano | 2 631 | 4.74 % |
| | Blanca Zulema Coronel Saavedra | Partido Encuentro Solidario | 1 150 | 2.07 % |
| | Miguel Ángel Zazueta Alemán | Fuerza por México | 981 | 1.77 % |

| | | | | |
|---|---|---|---|---|
| | Alana Soto Montes | Partido Verde Ecologista de México | 867 | 1.56 % |
| | Eva Delia de la Rocha Beltrán | Redes Sociales Progresistas | 768 | 1.38 % |
| | Salomé Soto León | Partido del Trabajo | 738 | 1.33 % |
| | — | Candidatos no registrados | 79 | 0.14 % |
| **Total de votos válidos** | | | **54 168** | **97.60 %** |
| **Votos nulos** | | | **1 251** | **2.26 %** |
| **Total de votos emitidos (participación)** | | | **55 498** | **50.19 %** |
| **Habitantes inscritos** | | | **110 581** | |
| **Instituto Electoral del Estado de Sinaloa.** | | | | |

## *Distrito XIII (Culiacán)*

| **Distrito electoral estatal 13 de Sinaloa** | | | **Resultados** | |
|---|---|---|---|---|
| **Candidato** | | **Partido/Coalición** | **Votos** | **Porcentaje** |
| | Feliciano Castro Meléndrez | Juntos Hacemos Historia | 22 285 | 46.49 % |
| | Lourdes Érika Sánchez Martínez | Va por Sinaloa | 19 285 | 40.23 % |
| | Ivanjov Valenzuela Pérez | Movimiento Ciudadano | 1 818 | 3.79 % |
| | Kitzia Matdelei Castro López | Partido Encuentro Solidario | 827 | 1.73 % |
| | Fernando Domínguez García | Partido Verde Ecologista de México | 753 | 1.57 % |
| | Brenda Yolanda Ornelas Velázquez | Fuerza por México | 710 | 1.48 % |
| | Jesús Santiago Vidrio Jiménez | Partido del Trabajo | 544 | 1.13 % |

| | | | | |
|---|---|---|---|---|
| | Joel Alvarado Rodríguez | Redes Sociales Progresistas | 541 | 1.13 % |
| | — | Candidatos no registrados | 50 | 0.10 % |
| **Total de votos válidos** | | | **46 763** | **97.55 %** |
| **Votos nulos** | | | **1 127** | **2.35 %** |
| **Total de votos emitidos (participación)** | | | **47 940** | **46.43 %** |
| **Habitantes inscritos** | | | **103 251** | |
| **Instituto Electoral del Estado de Sinaloa.** | | | | |

## *Distrito XIV (Culiacán)*

| **Distrito electoral estatal 14 de Sinaloa** | | | **Resultados** | |
|---|---|---|---|---|
| **Candidato** | | **Partido/Coalición** | **Votos** | **Porcentaje** |
| | Jesús Alfonso Ibarra Ramos | Juntos Hacemos Historia | 26 232 | 46.31 % |
| | Nelba de Jesús Osorio Porras | Va por Sinaloa | 22 101 | 39.02 % |
| | Ana Gabriela Salazar Torres | Movimiento Ciudadano | 2 990 | 5.28 % |
| | Juan Luis Gaxiola Félix | Partido Verde Ecologista de México | 1 249 | 2.21 % |
| | Benjamín Ramón Jalapa Romero | Fuerza por México | 855 | 1.51 % |
| | Graciela Cueto Serrano | Partido Encuentro Solidario | 764 | 1.35 % |
| | Carlos Alberto Leal Monarres | Partido del Trabajo | 578 | 1.02 % |
| | Martha Beatriz Diarte Franco | Redes Sociales Progresistas | 570 | 1.01 % |
| | — | Candidatos no registrados | 48 | 0.08 % |
| **Total de votos válidos** | | | **55 339** | **97.71 %** |

| Votos nulos | 1 253 | 2.21 % |
|---|---|---|
| Total de votos emitidos (participación) | 56 640 | 55.62 % |
| Habitantes inscritos | 101 841 | |
| Instituto Electoral del Estado de Sinaloa. | | |

## *Distrito XV (Culiacán)*

| Distrito electoral estatal 15 de Sinaloa | | | Resultados | |
|---|---|---|---|---|
| | Candidato | Partido/Coalición | Votos | Porcentaje |
| | María Victoria Sánchez Peña | Juntos Hacemos Historia | 20 678 | 50.50 % |
| | Héctor Enrique Orrantia Coppel | Va por Sinaloa | 14 706 | 35.92 % |
| | Samantha Trujillo Camacho | Movimiento Ciudadano | 1 733 | 4.23 % |
| PT | Norma Verónica Ochoa Chávez | Partido del Trabajo | 670 | 1.64 % |
| | Mario Eduardo Rodríguez Kato | Fuerza por México | 640 | 1.56 % |
| PES | Onelia Uriarte González | Partido Encuentro Solidario | 584 | 1.43 % |
| VERDE | Luz Araceli Alcaraz Ruiz | Partido Verde Ecologista de México | 564 | 1.38 % |
| RSP | Carlos Manuel Torres Álvarez | Redes Sociales Progresistas | 388 | 0.95 % |
| ? | — | Candidatos no registrados | 29 | 0.07 % |
| Total de votos válidos | | | 39 963 | 97.61 % |
| Votos nulos | | | 949 | 2.32 % |
| Total de votos emitidos (participación) | | | 40 941 | 43.67 % |
| Habitantes inscritos | | | 93 751 | |
| Instituto Electoral del Estado de Sinaloa. | | | | |

## *Distrito XVI (Culiacán)*

| Distrito electoral estatal 16 de Sinaloa | | | Resultados | |
|---|---|---|---|---|
| Candidato | | Partido/Coalición | Votos | Porcentaje |
| | Marco Antonio Zazueta Zazueta | Juntos Hacemos Historia | 20 119 | 56.77 % |
| | José Manuel Osuna Lizárraga | Va por Sinaloa | 9 658 | 27.26 % |
| | Ruth Yenifer Cruz Castro | Movimiento Ciudadano | 1 857 | 5.24 % |
| | Jorge Quintero Pacheco | Partido Verde Ecologista de México | 815 | 2.30 % |
| | Nathanael Gaxiola Monárrez | Partido Encuentro Solidario | 760 | 2.14 % |
| | Alma Luz Bernal | Redes Sociales Progresistas | 503 | 1.42 % |
| | Mario Francisco Enríquez Bedoya | Fuerza por México | 476 | 1.32 % |
| | Luis Enrique Limón Zuaza | Partido del Trabajo | 383 | 1.08 % |
| | — | Candidatos no registrados | 21 | 0.06 % |
| **Total de votos válidos** | | | **34 571** | **97.53 %** |
| **Votos nulos** | | | **856** | **2.41 %** |
| **Total de votos emitidos (participación)** | | | **35 448** | **38.77 %** |
| **Habitantes inscritos** | | | **91 431** | |
| **Instituto Electoral del Estado de Sinaloa.** | | | | |

## *Distrito XVII (Culiacán)*

| Distrito electoral estatal 17 de Sinaloa | | | Resultados | |
|---|---|---|---|---|
| Candidato | | Partido/Coalición | Votos | Porcentaje |
| | Gene René Bojórquez Ruiz | Juntos Hacemos Historia | 20 740 | 53.12 % |

| | | | | |
|---|---|---|---|---|
| | Paola Iveth Gárate Valenzuela | Va por Sinaloa | 12 154 | 31.13 % |
| | Dora Patricia Thomas González | Movimiento Ciudadano | 1 766 | 4.52 % |
| | René Arturo Rubio Mendoza | Partido del Trabajo | 906 | 2.32 % |
| | José Ángel Beltrán Rentería | Partido Verde Ecologista de México | 765 | 1.96 % |
| | Marco Antonio Ponce de León Pacheco | Partido Encuentro Solidario | 642 | 1.64 % |
| | Ley Diana Plata López | Fuerza por México | 580 | 1.49 % |
| | Juana Torres Mijares | Redes Sociales Progresistas | 357 | 0.91 % |
| | — | Candidatos no registrados | 37 | 0.09 % |
| **Total de votos válidos** | | | **37 910** | **97.09 %** |
| **Votos nulos** | | | **1 101** | **2.82 %** |
| **Total de votos emitidos (participación)** | | | **39 048** | **41.26 %** |
| **Habitantes inscritos** | | | **94 647** | |
| **Instituto Electoral del Estado de Sinaloa.** | | | | |

## *Distrito XVIII (Culiacán)*

| **Distrito electoral estatal 18 de Sinaloa** | | | **Resultados** | |
|---|---|---|---|---|
| **Candidato** | | **Partido/Coalición** | **Votos** | **Porcentaje** |
| | Serapio Vargas Ramírez | Juntos Hacemos Historia | 25 165 | 58.95 % |
| | Guadalupe Dávalos López | Va por Sinaloa | 11 599 | 27.18 % |
| | Lorenzo Acosta Beltrán | Partido del Trabajo | 1 369 | 3.21 % |
| | Nicanor García Armenta | Movimiento Ciudadano | 1 180 | 2.76 % |

| | | | | |
|---|---|---|---|---|
| | Gabriela Guadalupe Moreno Nevarez | Redes Sociales Progresistas | 767 | 1.80 % |
| | Luis Ángel González Valenzuela | Partido Encuentro Solidario | 501 | 1.17 % |
| | Sergio Armando Beltrán Espinoza | Fuerza por México | 493 | 1.16 % |
| | María Florentina Aguilar López | Partido Verde Ecologista de México | 442 | 1.04 % |
| | — | Candidatos no registrados | 17 | 0.04 % |
| **Total de votos válidos** | | | **41 516** | **97.27 %** |
| **Votos nulos** | | | **1 147** | **2.69 %** |
| **Total de votos emitidos (participación)** | | | **42 680** | **41.31 %** |
| **Habitantes inscritos** | | | **103 324** | |
| **Instituto Electoral del Estado de Sinaloa.** | | | | |

## *Distrito XIX (La Cruz)*

| **Distrito electoral estatal 19 de Sinaloa** | | | **Resultados** | |
|---|---|---|---|---|
| **Candidato** | | **Partido/Coalición** | **Votos** | **Porcentaje** |
| | Viridiana Camacho Millán | Juntos Hacemos Historia | 20 508 | 39.32 % |
| | Ramón Noriega Rivas | Va por Sinaloa | 16 824 | 32.26 % |
| | Francisco de Sales Castro Corral | Partido del Trabajo | 5 772 | 11.07 % |
| | Lucero Viridiana Gutiérrez Hernández | Partido Verde Ecologista de México | 1 948 | 3.74 % |
| | Luz María Villareal González | Movimiento Ciudadano | 727 | 1.39 % |
| | Florencia Flor Campaña Sánchez | Redes Sociales Progresistas | 528 | 1.01 % |

| | | | | |
|---|---|---|---|---|
| | Teresa de Jesús Torres | Fuerza por México | 300 | 0.58 % |
| | — | Candidatos no registrados | 17 | 0.03 % |
| **Total de votos válidos** | | | **46 607** | **89.37 %** |
| **Votos nulos** | | | **5 528** | **10.60 %** |
| **Total de votos emitidos (participación)** | | | **52 152** | **58.37 %** |
| **Habitantes inscritos** | | | **89 347** | |
| **Instituto Electoral del Estado de Sinaloa.** | | | | |

## *Distrito XX (Mazatlán)*

| **Distrito electoral estatal 20 de Sinaloa** | | | **Resultados** | |
|---|---|---|---|---|
| **Candidato** | | **Partido/Coalición** | **Votos** | **Porcentaje** |
| | Alma Rosa Garzón Aguilar | Juntos Hacemos Historia | 25 861 | 60.33 % |
| | Diana Rice Rodríguez | Va por Sinaloa | 10 500 | 24.49 % |
| | Rafael Quesney Sánchez | Movimiento Ciudadano | 1 522 | 3.55 % |
| | Ivette Daniela Félix Romero | Fuerza por México | 1 193 | 2.78 % |
| | Rosalva Osuna Osuna | Partido Encuentro Solidario | 941 | 2.20 % |
| | Melannie Cecilia Garibay Murúa | Partido del Trabajo | 719 | 1.68 % |
| | Floridalma Roblero Roblero | Partido Verde Ecologista de México | 653 | 1.52 % |
| | Jesús Reyna Cueva López | Redes Sociales Progresistas | 343 | 0.80 % |
| | — | Candidatos no registrados | 40 | 0.09 % |
| **Total de votos válidos** | | | **41 732** | **97.35 %** |

| Votos nulos | 1 095 | 2.56 % |
|---|---|---|
| Total de votos emitidos (participación) | 42 867 | 40.17 % |
| Habitantes inscritos | 106 714 | |
| Instituto Electoral del Estado de Sinaloa. | | |

## *Distrito XXI (Mazatlán)*

| Distrito electoral estatal 21 de Sinaloa | | | | Resultados | |
|---|---|---|---|---|---|
| Candidato | | | Partido/Coalición | Votos | Porcentaje |
| | | María del Rosario Osuna Gutiérrez | Juntos Hacemos Historia | 24 476 | 51.02 % |
| | | José Roberto González Gutiérrez | Va por Sinaloa | 16 428 | 34.25 % |
| | | Salvador Bravo Pizano | Movimiento Ciudadano | 1 881 | 3.92 % |
| | | Martha Ofelia López Hermosillo | Fuerza por México | 1 623 | 3.38 % |
| | | Miguel Ángel Cárdenas Verduzco | Partido Verde Ecologista de México | 885 | 1.84 % |
| | | Adrián Casimiro Negreros Castillo | Partido Encuentro Solidario | 748 | 1.56 % |
| | | Eduardo Federico Abad González | Partido del Trabajo | 538 | 1.12 % |
| | | José Antonio López Sánchez | Redes Sociales Progresistas | 388 | 0.81 % |
| | | — | Candidatos no registrados | 38 | 0.08 % |
| Total de votos válidos | | | | 46 967 | 97.90 % |
| Votos nulos | | | | 969 | 2.02 % |
| Total de votos emitidos (participación) | | | | 47 974 | 45.72 % |
| Habitantes inscritos | | | | 104 934 | |
| Instituto Electoral del Estado de Sinaloa. | | | | | |

## *Distrito XXII (Mazatlán)*

| Distrito electoral estatal 22 de Sinaloa | | | Resultados | |
|---|---|---|---|---|
| | Candidato | Partido/Coalición | Votos | Porcentaje |
| | Flor Emilia Guerra Mena | Juntos Hacemos Historia | 23 469 | 49.09 % |
| | Elsy López Montoya | Va por Sinaloa | 14 635 | 30.61 % |
| | Melissa Pamela Urías Vázquez | Partido Verde Ecologista de México | 2 937 | 6.14 % |
| | Fanny Graciela Bonilla Delgado | Movimiento Ciudadano | 2 221 | 4.65 % |
| | Verónica Elizabeth López González | Fuerza por México | 1 002 | 2.10 % |
| | José de Jesús Mojica López | Candidato independiente | 752 | 1.57 % |
| | Spencer Ramírez Reséndiz | Partido Encuentro Solidario | 713 | 1.49 % |
| | Issy Yunuen García Sosa | Partido del Trabajo | 493 | 1.03 % |
| | Yahaira Pamela de la Vega Torres | Redes Sociales Progresistas | 279 | 0.58 % |
| | — | Candidatos no registrados | 50 | 0.10 % |
| **Total de votos válidos** | | | **46 501** | **97.26 %** |
| **Votos nulos** | | | **1 259** | **2.64 %** |
| **Total de votos emitidos (participación)** | | | **47 810** | **49.94 %** |
| **Habitantes inscritos** | | | **95 740** | |
| **Instituto Electoral del Estado de Sinaloa.** | | | | |

## *Distrito XXIII (Mazatlán)*

| Distrito electoral estatal 23 de Sinaloa | | | Resultados | |
|---|---|---|---|---|
| | Candidato | Partido/Coalición | Votos | Porcentaje |
| | Juan Carlos Patrón Rosales | Juntos Hacemos Historia | 23 714 | 57.99 % |

| | | | | | |
|---|---|---|---|---|---|
| | | Maribel Chollet Morán | Va por Sinaloa | 11 515 | 28.16 % |
| | | Juan Antonio Zambrano Osuna | Movimiento Ciudadano | 1 406 | 3.44 % |
| | | Guadalupe Elizabeth Ríos Peña | Fuerza por México | 783 | 1.91 % |
| | | Fernando Alexis Cá- ceres Mandujano | Partido Verde Ecologista de México | 638 | 1.56 % |
| | | Selenne Carolina García Padilla | Partido Encuentro Solidario | 559 | 1.37 % |
| | | Isaac Paredes Za- mudio | Partido del Trabajo | 523 | 1.28 % |
| | | Francisco Javier Ortiz Rosales | Redes Sociales Progresistas | 425 | 1.04 % |
| | | — | Candidatos no registrados | 41 | 0.09 % |
| **Total de votos válidos** | | | | **39 563** | **96.75 %** |
| **Votos nulos** | | | | **1 292** | **3.16 %** |
| **Total de votos emitidos (participación)** | | | | **40 896** | **46.54 %** |
| **Habitantes inscritos** | | | | **87 881** | |
| **Instituto Electoral del Estado de Sinaloa.** | | | | | |

## *Distrito XXIV (El Rosario)*

| **Distrito electoral estatal 24 de Sinaloa** | | | | **Resultados** | |
|---|---|---|---|---|---|
| **Candidato** | | | **Partido/Coalición** | **Votos** | **Porcentaje** |
| | | Rosario Guadalupe Sarabia Soto | Juntos Hacemos Historia | 16 281 | 36.86 % |
| | | Manuel Antonio Pineda Domínguez | Va por Sinaloa | 15 467 | 35.02 % |
| | | Verónica del Carmen Dueñas Beltrán | Movimiento Ciudadano | 4 821 | 10.92 % |

| | | | | |
|---|---|---|---|---|
| | Juan Manuel Rendón Vizcarra | Redes Sociales Progresistas | 2 680 | 6.07 % |
| | Enriqueta Urzúa Angulo | Fuerza por México | 633 | 1.43 % |
| | Fernando Agustín Aguilar González | Partido Verde Ecologista de México | 243 | 0.55 % |
| | — | Candidatos no registrados | 2 | 0.01 % |
| **Total de votos válidos** | | | **40 125** | **90.85 %** |
| **Votos nulos** | | | **4 041** | **9.14 %** |
| **Total de votos emitidos (participación)** | | | **44 168** | **54.50 %** |
| **Habitantes inscritos** | | | **81 035** | |
| **Instituto Electoral del Estado de Sinaloa.** | | | | |

# ANEXO 2

| ASUNTO: | SE INTERPONE RECURSO DE INCONFORMIDAD |
|---|---|
| AUTORIDAD RESPONSABLE: | Consejo General del Instituto Electoral del Estado de Sinaloa |
| ACTO O RESOLUCIÓN RECLAMADA: | Acuerdo emitido en fecha 13 de junio de 2021 por el Consejo General del Instituto Electoral del Estado de Sinaloa por el que se aprueban los resultados consignados en las actas de cómputo estatal de la elección de Gobernador, se emite la declaración de validez de la elección y se expide la constancia de mayoría otorgada al C. Rubén Rocha Moya, que lo acredita como Gobernador electo. |
| PROMOVENTE: | Partido Revolucionario Institucional |

***Tribunal Electoral del Estado de Sinaloa***

**PRESENTE**

**Lic. Humberto Ruaro Pérez,** en mi carácter de Representante Suplente del Partido Revolucionario Institucional ante el Consejo General del Instituto Electoral del Estado de Sinaloa, personalidad que tengo debidamente acreditada y reconocida ante ese órgano, señalando como domicilio para recibir y oír todo tipo de notificaciones en las oficinas del Comité Directivo Estatal del Partido Revolucionario Institucional en Sinaloa, ubicadas en Boulevard Francisco I. Madero número 240 poniente, Colonia Centro de esta ciudad de Culiacán, Sinaloa, por medio de la presente, ante ese Tribunal Electoral del Estado de Sinaloa de la manera más atenta y respetuosa comparezco a efecto de manifestar conforme a derecho lo siguiente:

Con fundamento en los artículos 1, 8, 14, 16, 17, párrafo segundo, 41, párrafo segundo, Bases I y IV, 99, párrafo sexto, 116, fracción IV, incisos b), c), y l) y 133 de la Constitución Política de los Estados Unidos Mexicanos, 3, párrafo 2, inciso c); 79, 80,párrafo 1, inciso f), 14 y 15 de la Constitución Política para el Estado de Sinaloa, 34, 38, 44,48, fracción I, 118, fracciones III y IV, de la Ley del Sistema de Medios de Impugnación en Materia Electoral, promuevo en tiempo y forma el RECURSO DE INCONFORMIDAD para solicitar la **NULIDAD DE LA ELECCIÓN DE GOBERNADOR DEL ESTADO, así como en contra de los resultados contenidos en el acta del cómputo estatal de la elección de Gobernador del Estado,** celebrado el trece de junio del presente año, por las causales de nulidad de la elección que más adelante se precisan.

## ANTECEDENTES

**Inicio del proceso electoral.** El 18 de diciembre de 2020, dio inicio el proceso electoral local para elegir Gobernador del Estado, diputados locales e integrantes de los ayuntamientos de la entidad.

**Jornada electoral.** El seis de junio de 2021, se llevó a cabo la jornada electoral, para elegir, al Gobernador del Estado, los diputados a la Cámara de Diputados del Congreso del Estado y los integrantes de los ayuntamientos.

**Cómputo Estatal.** El 13 de junio de 2021 se llevó a cabo la sesión del Consejo General del Instituto Electoral del Estado de Sinaloa, en la cual se realizó el cómputo estatal de la elección de Gobernador, asentándose en el acta respectiva los siguientes resultados:

| PARTIDO, COALICION O CANDIDATURA COMÚN | CANDIDATO | VOTOS | % |
|---|---|---|---|
| Coalición Va por Sinaloa PAN-PRI-PRD | Mario Zamora Gastélum | 358,313 | 32.49% |

| Partido del Trabajo | Gloria González Burboa | 19,982 | 1.81% |
|---|---|---|---|
| Partido Verde Ecologista de México | Misael Sánchez Sánchez | 10,536 | 0.96% |
| Movimiento Ciudadano | Sergio Torres Félix | 31,897 | 2.89% |
| Candidatura Común PAS-MORENA | Rubén Rocha Moya | 624,225 | 56.60% |
| Partido Encuentro Solidario | Ricardo Arnulfo Mendoza Sauceda | 11,285 | 1.02% |
| Partido Redes Sociales Progresistas | Yolanda Yadira Cabrera Peraza | 8,386 | 0.76% |
| Partido Fuerza por México | Rosa Elena Millán Bueno | 12,396 | 1.12% |
| Candidatos no registrados | — | 422 | 0.04% |
| Votos nulos | — | 25,380 | 2.30% |
| **Total** | **—** | **1,102,822** | **100%** |

## REQUISITOS DE PROCEDENCIA

De acuerdo con lo dispuesto en los artículos 38 y 122 de la Ley General del Sistema de Medios de Impugnación en Materia Electoral, este medio de impugnación cumple con los requisitos generales y especiales de procedencia como se expone a continuación.

### A. *Requisitos generales*

**a. Forma.** La demanda fue presentada ante la autoridad responsable, en ella consta mi nombre como representante suplente del Partido Revolucionario Institucional, así como mi firma autógrafa. Asimismo, en el proemio de esta demanda quedó identificado el acto impugnado y la Autoridad Responsable, y más adelante señalo agravios y ofrezco y aporto las pruebas en las que baso mi impugnación y demuestro los hechos aducidos.

b. **Oportunidad.** El juicio es promovido dentro del plazo de (4) cuatro días que refiere el artículo 34 de la Ley de Medios de Impugnación en Materia Electoral, toda vez que el Cómputo Estatal concluyó el 13 trece de junio del 2021, mientras que la demanda se presenta el 17 diecisiete de junio siguiente; de ahí que sea evidente su presentación oportuna.

c. **Interés jurídico.** El suscrito promuevo el presente medio de impugnación a fin de controvertir del Consejo General del Instituto Electoral de Sinaloa, el cómputo estatal de la elección de Gobernador; así como la nulidad de dicha elección. La Coalición que represento postuló candidato a Gobernador con la que participó en la elección que se impugna, de ahí que cuente con interés jurídico para hacer valer diversas causas de nulidad de la elección.

f. **Definitividad.** El acto impugnado es definitivo y firme, toda vez que la legislación no prevé algún medio de impugnación que deba ser agotado antes de promover este recurso de inconformidad.

*B. Requisitos especiales*

a. **Elección que se impugna.** Elección de Gobernador cuya jornada comicial se llevó a cabo 06 de junio del 2021.

b. **Acta de cómputo estatal**. Se menciona de forma individualizada que el acta de cómputo estatal que impugna es la correspondiente a la elección de Gobernador del Estado de Sinaloa.

Se impugna la elección de Gobernador del Estado de Sinaloa derivado de los hechos de violencia generalizada ocurridos durante el transcurso del proceso electoral y, en especial, durante la jornada electoral, con la consecuente vulneración a los principios constitucionales de libertad de sufragio y de equidad como más adelante se expresa, por lo que considero debe anularse la elección por las causales de nulidad previstas en el artículo 167, fracción IX y XII y 172 de la Ley del Sistema de Medios de Impugnación en Materia Electoral.

## MARCO NORMATIVO

El artículo 41 de la Constitución Política de los Estados Unidos Mexicanos establece que el pueblo ejerce su soberanía por medio de los Poderes de la Unión, en los casos de la competencia de éstos, y por los de los Estados, en lo que toca a sus regímenes interiores, en los términos respectivamente establecidos por la Constitución Federal y las particulares de los Estados, las que en ningún caso podrán contravenir las estipulaciones del Pacto Federal.

Lo anterior aunado a que la renovación de los poderes Legislativo y Ejecutivo se realizará mediante **elecciones libres, auténticas y periódicas,** conforme a las bases que establece el Pacto Federal, y de las que cabe resaltar las siguientes:

- La organización de las elecciones es una función estatal que se realiza a través del Instituto Nacional Electoral y de los organismos públicos locales, en los términos que establece esta Constitución.
- El Instituto Nacional Electoral es un organismo público autónomo dotado de personalidad jurídica y patrimonio propios, en cuya integración participan el Poder Legislativo de la Unión, los partidos políticos nacionales y los ciudadanos, en los términos que ordene la ley. En el ejercicio de esta función estatal, la certeza, legalidad, independencia, imparcialidad, máxima publicidad y objetividad serán principios rectores.
- En las entidades federativas las elecciones locales estarán a cargo de organismos públicos locales en los términos de la Constitución, que ejercerán entre otras, funciones en las siguientes materias:

a) Preparación de la jornada electoral;

b) Impresión de documentos y la producción de materiales electorales;

c) Escrutinios y cómputos en los términos que señale la ley;

d) Declaración de validez y el otorgamiento de constancias en las elecciones locales.

- Para garantizar los principios de constitucionalidad y legalidad de los actos y resoluciones electorales, se establecerá un sistema de medios de impugnación en los términos que señalen la Constitución y la ley. Dicho sistema dará definitividad a las distintas etapas de los procesos electorales y garantizará la protección de los derechos políticos de los ciudadanos de votar, ser votados y de asociación, en los términos del artículo 99 de la Constitución.
- En materia electoral la interposición de los medios de impugnación, constitucionales o legales, no producirá efectos suspensivos sobre la resolución o el acto impugnado.
- La ley establecerá el sistema de nulidades de las elecciones federales o locales por violaciones graves, dolosas y determinantes, en los siguientes casos:

a) Se exceda el gasto de campaña en un 5% del monto total autorizado;

b) Se compre o adquiera cobertura informativa o tiempos en radio y televisión, fuera de los supuestos previstos en la ley;

c) Se reciban o utilicen recursos de procedencia ilícita o recursos públicos en las campañas.

- Dichas violaciones deberán acreditarse de manera objetiva y material. Se presumirá que las violaciones son determinantes cuando la diferencia entre la votación obtenida entre el primero y el segundo lugar sea menor al 5%.

- En caso de nulidad de la elección, se convocará a una elección extraordinaria, en la que no podrá participar la persona sancionada.

Asimismo, en cuanto a la función electoral en las entidades federativas, el artículo 116 de la ley fundamental señala que el poder público de los estados se dividirá, para su ejercicio, en Ejecutivo, Legislativo y Judicial, y no podrán reunirse dos o más de estos poderes en una sola persona o corporación, ni depositarse el legislativo en un solo individuo.

Lo anterior aunado a que, de conformidad con las bases establecidas en la Constitución y las leyes generales en la materia, las Constituciones y leyes de los Estados en materia electoral, garantizarán entre otras cosas que:

- Las elecciones de los gobernadores, de los miembros de las legislaturas locales y de los integrantes de los ayuntamientos se realicen mediante **sufragio universal, libre, secreto y directo**; y que la jornada comicial tenga lugar el primer domingo de junio del año que corresponda. Los Estados cuyas jornadas electorales se celebren en el año de los comicios federales y no coincidan en la misma fecha de la jornada federal, no estarán obligados por esta última disposición;
    - En el ejercicio de la función electoral, a cargo de las autoridades electorales, sean principios rectores los de certeza, imparcialidad, independencia, legalidad, máxima publicidad y objetividad;
    - Las autoridades que tengan a su cargo la organización de las elecciones y las jurisdiccionales que resuelvan las controversias en la materia, gocen de autonomía en su funcionamiento, e independencia en sus decisiones;

- Se establezca un sistema de medios de impugnación para que todos los actos y resoluciones electorales se sujeten invariablemente al principio de legalidad. Igualmente, que se señalen los supuestos y las reglas para la realización, en los ámbitos administrativo y jurisdiccional, de recuentos totales o parciales de votación;
- Se fijen las causales de nulidad de las elecciones de gobernador, diputados locales y ayuntamientos, así como los plazos convenientes para el desahogo de todas las instancias impugnativas, tomando en cuenta el principio de definitividad de las etapas de los procesos electorales.

En cuanto a la función electoral, la Ley General de Instituciones y Procedimientos Electorales (en adelante LGIPE) establece en su artículo 30 párrafo 2 que todas las actividades del Instituto Nacional Electoral se regirán por los principios de certeza, legalidad, independencia, imparcialidad, máxima publicidad y objetividad.

Además, el artículo 78 bis de la LGSMIME, indica que las elecciones federales o locales serán nulas por violaciones graves, dolosas y determinantes en los casos previstos en la Base VI del artículo 41 de la Constitución Política de los Estados Unidos Mexicanos; agregando que dichas violaciones deberán acreditarse de manera objetiva y material, y que se presumirá que las violaciones son determinantes cuando la diferencia entre la votación obtenida entre el primero y el segundo lugar sea menor al 5%.

Establece además que se entenderá por violaciones graves, aquellas conductas irregulares que produzcan una afectación sustancial a los principios constitucionales en la materia y pongan en peligro el proceso electoral y sus resultados; y que se calificarán como dolosas aquellas conductas realizadas con pleno conocimiento de su carácter ilícito, llevadas a cabo con la intención de obtener un efecto indebido en los resultados del proceso electoral; y que para efectos de lo dispuesto en la Base VI del artículo 41 de la Constitución Política de los Estados Unidos Mexicanos, se presumirá que se está en presencia de cobertura informativa indebida cuando, tratándose de programación y de espacios informativos o noticiosos, sea evidente que, por su carácter reiterado y sistemático, se trata de una actividad publicitaria dirigida a influir en las preferencias electorales de los ciudadanos y no de un ejercicio periodístico.

Por su parte, a nivel local el artículo 15 de la Constitución Política para el Estado de Sinaloa establece que, en el ejercicio de la función electoral, serán principios rectores la certeza, legalidad, independencia, imparcialidad, definitividad, equidad, objetividad y profesionalismo.

Dicho numeral agrega que el organismo autónomo encargado de la organización de las elecciones (Instituto Electoral del Estado de Sinaloa) en los términos que determine la Ley, realizará las actividades propias e inherentes al ejercicio de la función estatal electoral, otorgará las constancias de mayoría y declarará la validez de las elecciones de Gobernador, de Ayuntamiento en cada uno de los municipios de la entidad, así como de los Diputados al Congreso del Estado y hará la asignación de Regidores y de Diputados, de representación proporcional.

Además, señala que para dar definitividad y garantizar la legalidad de las distintas etapas de los procesos electorales, la Ley establecerá un sistema de medios de impugnación, de los que conocerán, según la competencia, el organismo autónomo a que se refiere ese artículo y el Tribunal Estatal Electoral; y que en materia electoral los recursos o medios de impugnación no producirán, en ningún caso, efectos suspensivos del acto o resolución impugnados.

De igual forma, establece que el Pleno del Tribunal Electoral del Estado, será competente para resolver en segunda instancia los recursos que se interpongan contra la declaratoria de validez de las elecciones de Gobernador, de Diputados o de Ayuntamiento y contra la expedición de la constancia de mayoría y de asignación que, en cada caso, emitan las autoridades electorales competentes en los términos de la Ley.

Adicionalmente, el sistema de nulidades de las elecciones se encuentra establecido en el Título VI de la Ley del Sistema de Medios de Impugnación de Sinaloa, en el que se prevén, entre otros, los casos de nulidad de las votaciones recibidas en una casilla, así como las causas de nulidad de las elecciones. Respecto a la elección de GOBERNADOR, el artículo 170 de la citada Ley establece que son causas de nulidad de una elección de Gobernador, las siguientes:

I. Cuando alguna o algunas de las causales de nulidad previstas en el artículo 167 de esta ley se acrediten en por lo menos el 25% de las casillas instaladas en el territorio estatal y, en su caso, no se hayan corregido durante el recuento de votos;

II. Cuando en el territorio estatal no se instale el 25% o más de las casillas y consecuentemente la votación no hubiere sido recibida; y,

III. Cuando el candidato ganador de la elección resulte inelegible.

Por su parte el artículo 172, señala:

> El Tribunal Electoral podrá declarar la nulidad de una elección de Diputados, integrantes de los Ayuntamientos o Gobernador, cuando se hayan cometido en forma generalizada violaciones substanciales y graves en la jornada electoral de acuerdo con las causales de nulidad previstas en esta ley, en el municipio, distrito o en el Estado, siempre y cuando éstas se encuentren plenamente acreditadas y se demuestre que las mismas fueron determinantes para el resultado de la elección, salvo que las irregularidades sean imputables a los candidatos independientes, los partidos políticos o sus candidatos, y sean los promoventes del medio de impugnación respectivo.

De manera adicional a las causas de nulidad previstas en la legislación, la Sala Superior del Tribunal Electoral del Poder Judicial de la Federación, al resolver el Juicio de Revisión Constitucional identificado con el número de expediente SUP-

JRC-165/2008, estableció que un acto no puede ser entendido como elección a la que se refiere la Constitución Política de los Estados Unidos Mexicanos, cuando no se ajusta a los elementos previstos en ella, ni es dable reconocerle efectos jurídicos, sino por el contrario debe ser privado de efectos, a lo cual puede identificarse como causa de invalidez por violaciones constitucionales.

En ese sentido, la tesis X/2001, aprobada por la propia Sala Superior, establece:

> ***ELECCIONES. PRINCIPIOS CONSTITUCIONALES Y LEGALES QUE SE DEBEN OBSERVAR PARA QUE CUALQUIER TIPO DE ELECCIÓN SEA CONSIDERADA VÁLIDA.***–*Los artículos 39, 41, 99 y 116 de la Constitución Política de los Estados Unidos Mexicanos consagran los principios que toda elección debe contener para que se pueda considerar como válida. En el artículo 39 se establece, en lo que importa, que el pueblo tiene en todo tiempo el inalienable derecho de alterar o modificar la forma de su gobierno; el artículo 41, párrafo segundo, establece que la renovación de los poderes Legislativo y Ejecutivo se realizará mediante elecciones libres, auténticas y periódicas; en el artículo 99 se señala que todos los actos y resoluciones definitivos y firmes de las autoridades competentes de las entidades federativas para organizar y calificar los comicios podrán ser impugnados ante la Sala Superior del Tribunal Electoral del Poder Judicial de la Federación; por su parte, el artículo 116 establece, en lo que importa, que las constituciones y leyes de los estados garantizarán que las elecciones de los gobernadores de los estados se realicen mediante sufragio universal, libre, secreto y directo, y que serán principios rectores de las autoridades estatales electorales, los de legalidad, imparcialidad, objetividad, certeza e independencia. De las disposiciones referidas se puede desprender cuáles son* ***los elementos fundamentales de una elección democrática, cuyo cumplimiento debe ser imprescindible para que una elección se considere producto del ejercicio popular de la soberanía****, dentro del sistema jurídico-político construido en la Carta Magna y en las leyes electorales estatales, que están inclusive elevadas a rango constitucional, y son imperativos, de orden público, de obediencia inexcusable y no son renunciables.* ***Dichos principios son, entre otros, las elecciones libres, auténticas y periódicas; el sufragio universal, libre, secreto y directo; que en el financiamiento de los partidos políticos y sus campañas electorales prevalezca el principio de equidad; la organización de las elec-***

> ***ciones a través de un organismo público y autónomo; la certeza, legalidad, independencia, imparcialidad y objetividad como principios rectores del proceso electoral, el establecimiento de condiciones de equidad para el acceso de los partidos políticos a los medios de comunicación social, el control de la constitucionalidad y legalidad de los actos y resoluciones electorales. La observancia de estos principios en un proceso electoral se traducirá en el cumplimiento de los preceptos constitucionales antes mencionados.*** [El realce es propio].

Del criterio antes citado se desprende que para que una elección sea considerada como válida, debe respetar los principios constitucionales siguientes:

- Elecciones libres, auténticas y periódicas;
- Voto universal, libre, secreto y directo;
- Equidad en las campañas electorales y en el financiamiento de los partidos políticos;
- Organización de las elecciones a través de un organismo público y autónomo;
- Certeza, legalidad, independencia, imparcialidad y objetividad como principios rectores del proceso electoral;
- Equidad para el acceso de los partidos políticos a los medios de comunicación social; y
- Control de la constitucionalidad y legalidad de los actos y resoluciones electorales.

En el caso de la elección que se impugna, no se respetaron todos los principios constitucionales antes señalados, por lo que deberá revocarse la declaración de validez de la elección de Gobernador del Estado de Sinaloa, en consecuencia, la expedición de la Constancia de Mayoría otorgada a RUBÉN ROCHA MOYA, postulado por los partidos políticos Morena y Auténtico de Sinaloa; lo anterior, por las causas de nulidad que se hacen valer en los siguientes:

## AGRAVIOS

La declaración de validez de la elección del Gobernador de Sinaloa causa agravio a mi representado, ya que se actualizan 3 causales de nulidad por violación a los principios constitucionales de las elecciones, cuya observancia es indispensable para que las elecciones sean consideradas válidas, como lo ha sostenido la Sala Superior del Tribunal Electoral del Poder Judicial de la Federación en los precedentes señalados en el apartado anterior.

Así, en el presente capítulo se desarrollarán las causales de nulidad siguientes:

I. Causal de nulidad de la elección por violación al principio de libertad del voto.

II. Causal de nulidad de la elección por violación al principio de equidad.

III. Causal de nulidad de la elección por violación al principio de certeza.

En el presente caso se acreditan las causales de nulidad por violación de los principios constitucionales antes señalados, como se expone a continuación:

### *I. Causal de nulidad de la elección por violación al principio de libertad del voto.*

El sistema democrático representativo que sustenta el Estado Mexicano **emerge de elecciones libres y auténticas** que tienen como premisa fundamental el ejercicio de la prerrogativa ciudadana de voto activo en condiciones de libertad e igualdad, cuyo fin es dotar de legitimidad a quienes han de acceder a los cargos de representación popular, por haber sido elegidos democráticamente.

Los artículos 39 y 40 de la Constitución Política de los Estados Unidos Mexicanos estatuyen de modo categórico, que la soberanía nacional reside esencial y originariamente en el pueblo, de tal suerte que todo poder público dimana de él y se instituye para su beneficio. Asimismo, que el pueblo tiene en todo tiempo el inalienable derecho de alterar o modificar la forma de gobierno, siendo su voluntad constituirse en una República representativa, democrática y federal, establecida según los principios de la propia ley fundamental.

Para la conquista de ese propósito, en el texto constitucional se contienen diversas disposiciones sobre las cuales descansa la organización del Estado, la forma de integrar los poderes públicos de representación popular, así como aquellas normas destinadas al adecuado ejercicio de los derechos de los gobernados, en particular, de los político-electorales tendentes a garantizar la realización y plena eficacia del régimen representativo y democrático que el pueblo ha adoptado.

El artículo 41 tercer párrafo de la Constitución, en relación con la renovación de los poderes Legislativo y Ejecutivo, dispone que se ha de realizar mediante elecciones libres, auténticas y periódicas, en las que cobra singular importancia el ejercicio del derecho al sufragio emitido de manera universal, libre, secreta y directa, porque en este se encuentra inmersa la manifestación de la voluntad del ciudadano externada el día de la jornada electoral.

Por mandato de la Ley Suprema de la Unión, las elecciones auténticas y libres, el voto emitido en condiciones de libertad e igualdad, así como su asignación a quien se vio favorecido con la voluntad popular, se elevan como parte de los ejes rectores sobre los cuales yace la democracia representativa; en esas condiciones, dada la naturaleza del sufragio popular, éste debe estar exento de presión, coacción o manipulación para favorecer a alguna de las ofertas políticas o candidatos, teniendo en cuenta que es un derecho fundamental de los electores sufragar en condiciones de absoluto convencimiento y libertad, conforme a su idiosincrasia.

Al respecto, por ejemplo, el Comité de Derechos Humanos de Naciones Unidas ha expresado en su Observación General

No. 25, que de conformidad con el apartado b) del artículo 25 del Pacto Internacional de Derechos Civiles y Políticos, las elecciones deben ser libres y equitativas, y celebrarse periódicamente en el marco de disposiciones jurídicas que **garanticen el ejercicio efectivo del derecho de voto** y, por tanto, las personas con derecho de voto deben ser libres de votar «sin influencia ni coacción indebida de ningún tipo que pueda desvirtuar o inhibir la libre expresión de la voluntad de los electores. Estos deberán poder formarse una opinión de manera independiente, **libres de toda violencia, amenaza de violencia, presión o manipulación de cualquier tipo**. La limitación de los gastos en campañas electorales puede estar justificada cuando sea necesaria para asegurar que la libre elección de los votantes no se vea afectada o que el proceso democrático quede perturbado por gastos desproporcionados en favor de cualquier candidato o partido. Los resultados de las elecciones auténticas deberán respetarse y ponerse en práctica».

En efecto, en una democracia avanzada o en vías de consolidación, la injerencia indebida de cualquier sujeto o grupo de interés dirigida a alterar la voluntad del electorado, a través de los actos de violencia que se generaron durante el transcurso de las campañas electorales, incluida la jornada electoral, en abierta violación a la normativa electoral, se opone de manera directa al derecho de base constitucional de todos los ciudadanos de emitir su voto en forma libre y razonada a partir de los programas, principios e ideas que postulan dichos entes de interés público, en términos de lo que mandata el supracitado artículo 41, de la Constitución Política Federal.

Del marco constitucional se desprende con absoluta claridad, que **el bien tutelado por la Norma Fundamental es la libertad del sufragio**, en consecuencia, ha de evitarse o inhibirse, incluso, detener o paralizar cualquier conducta o comportamiento que lo haga vulnerable o pueda poner en riesgo la libre elección de los gobernantes; sin embargo, en el caso concreto en el Estado de Sinaloa se dieron una serie de actos de violencia desde el inicio del proceso electoral hasta el día de la jornada electoral, violencia relacionada con diversos actores políticos en la entidad que produjo un clima de incertidumbre y de zozobra en la ciudadanía y en los actores políticos.

En este sentido, la libertad de sufragio se puede poner en riesgo, inclusive, anularse, cuando se dan actos de violencia generalizada que inhiben la voluntad e impide a los ciudadanos elegir libremente a sus gobernantes.

Conforme a lo anterior, el sufragio emitido, carecería de validez para la integración de los poderes públicos, cuando tales actos irregulares tienen como soporte, esencialmente, la presión por actos de violencia física o moral, tendentes a buscar en los electores una conducta o comportamiento determinado.

De esta manera, si la emisión del voto se aparta o deja de ser producto de la reflexión libre, consciente y razonada sobre la oferta política que más conviene a la comunidad, entonces debe anularse o invalidarse por estar respaldado en bases que trastocan los valores democráticos de una sociedad representativa, elecciones y voto libres.

## Caso Concreto

En el Estado de Sinaloa se presentaron diversos hechos de violencia generalizada a lo largo del territorio estatal, acontecidos antes y durante la jornada electoral, que provocaron que la población percibiera un ambiente de inseguridad y propiciaron un clima de miedo en el electorado que impidieron que emitieran su sufragio en condiciones de libertad.

De los actos de violencia política generalizada se dio cuenta en diversos links de redes sociales y portales de Internet de medios de comunicación, como se evidencia en el cuadro siguiente:

| DIARIOS LOCALES | ENLACES |
|---|---|
| LÍNEA DIRECTA | https://www.facebook.com/100064920242663/posts/10159927618357269/ |
| | https://lineadirectaportal.com/politica/2021/6/6/que-me-devuelvan-mi-hermano-lupita-iribe-declina-alcaldia-por-badiraguato-412632.html?fbclid=IwAR1loZCrz-EqDYntLJV3vuNXLUvRm5mfGwD2GK3M-1b5QnSDXKt5uVmEFxoY |
| | https://lineadirectaportal.com/politica/2021/6/10/grupos-armados-robaron-51-casillas-en-la-eleccion-del-domingo-en-sinaloa-ine-413414.html |
| | https://www.facebook.com/100064920242663/posts/10159942905772269/ |
| | https://www.facebook.com/100064920242663/posts/10159933655997269/ |
| | https://www.facebook.com/100064920242663/posts/10159933338492269/ |
| | https://www.facebook.com/100064920242663/posts/10159932810567269/ |
| | https://www.facebook.com/100064920242663/posts/10159932299192269/ |
| | https://www.facebook.com/100064920242663/posts/10159931187102269/ |
| | https://www.lineadirectaportal.com/?p=412659 |
| | https://www.facebook.com/100064920242663/posts/10159931170572269/ |
| | https://www.facebook.com/100064920242663/posts/10159931017557269/ |
| | https://www.facebook.com/100064920242663/posts/10159930671972269/ |
| | https://www.facebook.com/100064920242663/posts/10159930621332269/ |
| | https://www.facebook.com/100064920242663/posts/10159930598892269/ |
| | https://www.facebook.com/100064920242663/posts/10159930436777269/ |
| | https://www.facebook.com/100064920242663/posts/10159927736072269/ |

| | |
|---|---|
| CAFÉ NEGRO PORTAL | https://www.facebook.com/100064843234579/posts/2332419460225697/ |
| | https://www.facebook.com/100064843234579/posts/2330203360447307/ |
| | https://www.facebook.com/100064843234579/posts/2330122833788693/ |
| | https://www.facebook.com/100064843234579/posts/2329903993810577/ |
| | https://www.facebook.com/100064843234579/posts/2329303173870659 |
| | https://www.facebook.com/266488246818839/posts/2329242307210079/?d=n |
| | https://www.facebook.com/266488246818839/posts/2329217333879243/?d=n |
| | https://www.facebook.com/266488246818839/posts/2329131400554503/?d=n |
| | https://www.facebook.com/266488246818839/posts/2329021493898827/?d=n |
| | https://www.facebook.com/266488246818839/posts/2329019197232390/?d=n |
| | https://www.facebook.com/266488246818839/posts/2328116820655961/?d=n |
| DEBATE | https://www.facebook.com/652831324767668/posts/4471273049590124/?d=n |
| | https://www.facebook.com/652831324767668/posts/4466951926688903/?d=n |
| | https://www.facebook.com/652831324767668/posts/4465537876830308/?d=n |
| | https://www.facebook.com/652831324767668/posts/4465384070179022/?d=n |
| | https://www.facebook.com/652831324767668/posts/4464034716980624/?d=n |
| | https://www.facebook.com/652831324767668/posts/4463795873671175/?d=n |
| | https://www.facebook.com/652831324767668/posts/4463436263707136/?d=n |
| | https://fb.watch/68LsVQBbVW/ |
| | https://www.facebook.com/652831324767668/posts/4463404673710295/?d=n |
| | https://www.facebook.com/652831324767668/posts/4463386493712113/?d=n |
| | https://www.facebook.com/652831324767668/posts/4463309090386520/?d=n |
| | https://www.facebook.com/652831324767668/posts/4463030150414414/?d=n |
| | https://www.facebook.com/652831324767668/posts/4460249737359122/?d=n |
| EXTRAOFICIAL | https://www.facebook.com/201086520033525/posts/2068922479916577/?d=n |
| | https://fb.watch/68MvAhKSXu/ |
| PERIODICO MERCURIO | https://www.facebook.com/381874295335803/posts/1708922139297672/?d=n |
| | https://fb.watch/68NwPu1cMr/ |
| | https://www.facebook.com/381874295335803/posts/1708006882722531/?d=n |

| | |
|---|---|
| NOROESTE | https://www.facebook.com/204384022938652/posts/4195199460523735/?d=n |
| | https://www.facebook.com/204384022938652/posts/4194747150568966/?d=n |
| FUENTES FIDEDIGNAS | https://www.facebook.com/204384022938652/posts/4194619857248362/?d=n |
| | https://www.facebook.com/204384022938652/posts/4194573967252951/?d=n |
| | https://www.facebook.com/368234489921644/posts/3969502339794823/?d=n |
| | https://www.facebook.com/368234489921644/posts/3967493119995745/?d=n |
| | https://www.facebook.com/368234489921644/posts/3966887816722942/?d=n |
| | https://www.facebook.com/368234489921644/posts/3966591650085892/?d=n |
| | https://www.facebook.com/368234489921644/posts/3966067910138266/?d=n |
| RÍODOCE | https://fb.watch/68XXZf-N9S/ |
| | https://www.facebook.com/100066307457596/posts/2291300651005274/ |
| | https://www.facebook.com/111969565605071/posts/2291272784341394/?d=n |
| | https://www.facebook.com/111969565605071/posts/2291269124341760/?d=n |
| | https://www.facebook.com/111969565605071/posts/2291220257679980/?d=n |
| | https://fb.watch/68Y0nqruBJ/ |
| | https://www.facebook.com/111969565605071/posts/2291113937690612/?d=n |
| | https://www.facebook.com/111969565605071/posts/2290085441126795/?d=n |
| | https://www.facebook.com/111969565605071/posts/2289938751141464/?d=n |
| ADN INFORMATIVO MX | https://www.facebook.com/720686198063249/posts/2238997759565411/?d=n |
| | https://fb.watch/69041FBu2U/ |
| | https://www.facebook.com/720686198063249/posts/2234923489972838/?d=n |
| | https://www.facebook.com/720686198063249/posts/2234876946644159/?d=n |
| | https://www.facebook.com/720686198063249/posts/2234809193317601/?d=n |
| | https://www.facebook.com/720686198063249/posts/2234806843317836/?d=n |
| | https://www.facebook.com/720686198063249/posts/2234795839985603/?d=n |
| | https://www.facebook.com/720686198063249/posts/2234749123323608/?d=n |
| | https://www.facebook.com/720686198063249/posts/2234658866665967/?d=n |
| | https://www.facebook.com/720686198063249/posts/2234654423333078/?d=n |
| | https://www.facebook.com/720686198063249/posts/2234654423333078/?d=n |
| | https://www.facebook.com/720686198063249/posts/2234620936669760/?d=n |
| | https://www.facebook.com/720686198063249/posts/2233769693421551/?d=n |

| | |
|---|---|
| EL SOL DE SINALOA | https://www.facebook.com/892461134113805/posts/4828149263878286/?sfnsn=scwspwa |
| | https://www.facebook.com/892461134113805/posts/4825505564142656/?sfnsn=scwspwa |
| | https://www.facebook.com/892461134113805/posts/4825094657517080/?sfnsn=scwspwa |
| | https://www.facebook.com/892461134113805/posts/4824748977551648/?sfnsn=scwspwa |
| | https://www.facebook.com/892461134113805/posts/4824658340894045/?sfnsn=scwspwa |
| | https://www.facebook.com/892461134113805/posts/4824604730899406/?sfnsn=scwspwa |
| | https://www.facebook.com/892461134113805/posts/4824583344234878/?sfnsn=scwspwa |
| | https://www.facebook.com/892461134113805/posts/4823840267642519/?sfnsn=scwspwa |
| **DIARIOS NACIONALES** | |
| LA JORNADA | https://www.jornada.com.mx/notas/2021/06/06/estados/grupo-armado-asalta-una-casilla-electoral-en-los-mochis-sinaloa/ |
| ANIMAL POLITICO | https://www.animalpolitico.com/2021/06/sinaloa-crimen-organizado-morena-pri/ |
| CONTRAVERSION | https://m.facebook.com/story.php?story_fbid=1131408917264936&id=266586480413855&sfnsn=scwspwa |
| ARESTEGUI | https://aristeguinoticias.com/0606/mexico/violencia-empana-la-jornada-electoral-en-varios-estados-recuento/ |

| | |
|---|---|
| INFOBAE | https://www.infobae.com/america/mexico/2021/06/05/las-horas-previas-a-las-elecciones-en-culiacan-un-comando-levanto-al-secretario-general-del-pri/ |
| PROCESO | https://www.proceso.com.mx/nacional/estados/2021/6/6/en-sinaloa-robo-de-paquetes-electorales-ante-la-ausencia-de-la-seguridad-federal-265417 |
| MVS NOTICIAS | https://mvsnoticias.com/noticias/estados/elecciones-2021-mexico-reportan-actos-de-violencia-en-sinaloa/ |
| ECONOMISTA | https://www.eleconomista.com.mx/politica/Elecciones-2021-Votaciones-en-Sinaloa-20210606-0021.html |
| TUS BUENAS NOTICIAS | https://tusbuenasnoticias.com/politica/en-sinaloa-gano-la-batalla-contra-la-violencia-electoral/ |
| REACCION INFORMATIVA | https://reaccioninformativa.com/noticias/sinaloa/centro/elecciones-empanadas-por-la-violencias-reconoce-el-gobernador-de-sinaloa_6wf9jny4lHgvv24y6DqCL |
| POLITICO MX | https://politico.mx/central-electoral/elecciones-2021/estados/sinaloa/rocha-moya-condena-violencia-en-proceso-electoral-2021-pide-a-la-ciudadan%C3%ADa-a-acudir-a-las-urnas-electorales/ |
| REPUBLICA | https://republica.gt/2021/06/05/elecciones-mexico-secuestran-alberto-salas-miembro-pri-sinaloa/ |
| TVP | https://tvpacifico.mx/noticias/264534-por-actos-de-violencia-sinaloa-pidio-apoyo-a-la-federacion-el-dia-de-las-elecciones |
| ZOCALO | https://www.zocalo.com.mx/hechos-violentos-que-sucedieron-en-sinaloa-un-dia-antes-de-las-elecciones-2021/ |

De las notas periodísticas, publicaciones en redes sociales y portales de internetantes señalados, se desprenden los siguientes hechos de violencia:

A. Hechos de violencia ocurridos antes de la jornada electoral.

- José Alberto Salas Beltrán, secretario de organización electoral del PRI estatal, fue privado de la libertad por un comando armado unas horas antes de los comicios.
- Se realizó el ataque a casas de campaña de los candidatos a las alcaldías de Los Mochis y Mazatlán.
- La presidenta del Consejo Distrital Electoral 04 del estado de Sinaloa aclaró el incidente sobre el presunto robo de casillas electorales en Primero de Mayo.
- Liberan a empresarios, presidenta de Amexme y su esposo, «levantados» horas antes de la jornada electoral en Culiacán.
- Ezequiel Santiesteban calificó como un «fuerte rumor» el acto del «levantón» contra el hermano de la candidata a la alcaldía de Badiraguato, Guadalupe Iribe.
- Aumenta a ocho las personas *levantadas* en el ejido de Chuy Ortiz y dos más en Pichihuila, aunado a que también *levantaron* al representante de Morena.
- Levantan a un suplente del PES en San Ignacio, autoridades lo localizaron vivo pero golpeado, en buen estado de salud.
- Morena, PAS y PAN exigen seguridad, así como la liberación del secretario del PRI. Un funcionario priísta levantado, dos mujeres asesinadas, ataque a casa de un operador político, vehículos asegurados por la BOMU y dos hombres muertos son los sucesos registrados.
- Retención de cinco jóvenes a las afueras de las instalaciones del PRI en Culiacán.

- Sujetos armados causan destrozos en casa del operador del PRI en El Walamo, Mazatlán.
- CNDH ordena medidas para proteger periodistas y defensores durante elecciones en Sinaloa.
- Recibió Ricardo Mendoza, del PES, amenazas del narco para que renuncie en Sinaloa.
- Asesinato del director de la Policía Estatal tensa el clima político-electoral en Sinaloa.
- Tras levantón de su hermano declina candidata del PRI, PAN y PRD a la Alcaldía de Badiraguato.
- El candidato a la alcaldía de Culiacán, Faustino Hernández Álvarez, fue reportado como desaparecido por sus familiares.

B. Hechos de violencia ocurridos durante la jornada electoral.

- Mario Zamora anuncia que hicieron 50 denuncias por privación de la libertad y amenazas a simpatizantes del PRI.
- En Sinaloa las elecciones se realizaron con violencia, por lo que se requirió de refuerzo de la Marina.
- Más de 770 incidentes registrados durante la jornada electoral.
- Ni la Secretaría de Seguridad Pública estatal ni la Fiscalía General del Estado emitieron algún informe o posicionamiento por los hechos violentos en la jornada en Sinaloa.
- El robo de la paquetería electoral en algunos puntos de Sinaloa hizo evidente la flagrante ausencia de las fuerzas federales de seguridad.
- Representantes del PRI, PAN y Fuerza por México denunciaron la falta de efectivos de la Guardia Nacional.

- El candidato de Morena- PAS a la alcaldía de Ahome emitió un mensaje a la ciudadanía a respetar la ley y no incitar a la violencia.
- Se retrasó la entrega de algunos paquetes electorales correspondientes al Consejo Distrital 04.
- El rector de la UAS emitió su voto esta mañana y condenó los hechos de violencia registrados en Sinaloa y en otros estados de México durante la jornada electoral.
- Seguridad Pública confirmó las agresiones denunciadas sobre los hechos violentos en la cabecera municipal y en la sindicatura de Teacapán.
- Piden organismos empresariales de Los Mochis a las autoridades esclarecer acciones de violencia.
- Robo de urnas en Felipe Ángeles, Goros 2 y Águilas Azteca, en Ahome.
- Persecución de vehículo en donde se llevaban urnas del ejido Primero de Mayo.
- Presidentes de diversas cámaras empresariales lamentaron los hechos violentos ocurridos durante las elecciones.
- José Alberto Salas Beltrán habría sido liberado en el transcurso del lunes 7 de junio de 2021.
- El Distrito Electoral 02, personas armadas se llevaron urnas y actas de cuatro casillas en los ejidos Mochis, Goros y Felipe Ángeles.
- Llegaron a Ahome 300 elementos de la Guardia Nacional y Policía Estatal Preventiva.
- El director de Seguridad Pública del municipio de Guasave indicó que aún permanecen desaparecidas dos personas, mientras que un funcionario y regidora fueron liberados.

- Un representante suplente del Partido Encuentro Social declaró que todo fue una confusión y que está en perfecto estado de salud, no hubo «levantón» en Culiacán.
- Jorge Luis Ruela Miranda, vocero del Instituto Nacional Electoral, confirmó que ya se cuenta con el reporte del hecho delictivo presentado en Los Mochis.
- Ataques con piedras a taxis rojos de Mazatlán.
- Violencia contra brigadistas en la sindicatura de Teacapán.
- Armados recogen material electoral de la casa del presidente de casilla en Ahome.
- Un hombre fue atacado a balazos cerca de una casilla electoral ubicada en el sector de Lomas de Guadalupe en la ciudad de Culiacán, Sinaloa.
- En 19 casillas de Ahome se suspendió la votación por presencia de grupos armados.
- Grupos armados robaron 51 casillas en la elección del domingo en Sinaloa, declaración del vocal ejecutivo Jorge Luis Ruelas, del INE
- Registra Fiscalía 9 «levantados» y 42 carpetas por delitos antes y durante votaciones en Sinaloa
- Activa la Comisión de Búsqueda ficha para localizar a Alberto Salas, funcionario del PRI que fue levantado.
- 27 paquetes electorales se encuentran desaparecidos en el municipio de Sinaloa, así lo confirmó el presidente del Consejo Municipal Electoral, Gustavo Bojórquez Haro.
- La elección más violenta en Ahome, robo de urnas, levantados, persecuciones y amenazas se vivieron durante la elección este domingo.

- Sana y salva, aparece líder de empresarias en Sinaloa y su esposo. En redes sociales se informó del retorno de la pareja luego de haber sido reportada su desaparición desde la noche del sábado.
- Sujetos armados revientan la elección en el Ejido Mochis, intimidaron con sus armas a los funcionarios de casilla. Llevándose las urnas llenas de boletas electorales.
- Amenazas, levantados, robos de urnas y grupos armados, en la recta final de elecciones en Sinaloa. Una jornada que se volvió inestable previo al cierre de las votaciones, se registra este domingo 6 de junio en el Estado de Sinaloa, que poco antes de las 6:00 de la tarde, agudizó el reporte de robo de urnas, grupos armados, amenazas, así como funcionarios de casillas o de partidos, privados de su libertad.
- Condena INE los actos violentos en Sinaloa, Jorge Luis Ruelas recriminó la forma violenta en que grupos armados, no identificados, están robando urnas y cerrando casillas.
- En la Despensa, Ahome también irrumpió grupo armado para evitar elección.
- Condena autoridad electoral levantones de morenistas de Guasave.
- Confirma INE robo de boletas en casilla electoral 071 de Los Mochis.
- Despojan de mochila con dinero en casilla electoral y reportan disparos en otra.
- Fueron 51 casillas las que grupos armados robaron el día de la elección en Sinaloa, INE. Los incidentes se reportaron en Mochis, Guasave y Guamúchil.
- La Junta del INE en Ahome presenta denuncia por boletas robadas durante las elecciones.

- Funcionarios cierran cinco casillas en Ejido Mochis ante amenaza de irrupción de grupo armado.
- Por intimidaciones y reportes, Quirino Ordaz pide más Guardia Nacional en 7 municipios, confirmo que hubo reportes de intimidación en varios municipios.
- Grupos armados secuestraron al menos 9 operadores electorales del PRI y Morena en Sinaloa
- Pese a históricos niveles de violencia en fin de semana electoral en Sinaloa, en SSP y Fiscalía siguen callados.
- Asegura Quirino que por hechos de violencia en jornada electoral se pidió ayuda a la Segob.

Es importante señalar que las direcciones de Internet referentes a redes sociales de ciudadanos y medios de comunicación y del contenido alojado en los hipertextos arriba asentados aportan elementos probatorios sobre el contexto de violencia generalizada que estuvo presente antes y durante la jornada electoral, pues dieron cuenta de los hechos que describen de manera muy cercana al momento en que acontecieron. Por esta razón la autoridad electoral deberá conceder valor probatorio pleno al cúmulo de notas y ligas aportadas. Esto es, las pruebas deberán ser analizadas a la luz del principio de inmediatez, el cual permite sostener que las manifestaciones realizadas en los medios descritos tienen un alto grado de verosimilitud, dado el breve lapso transcurrido entre la ocurrencia de los hechos y las manifestaciones correspondientes en las redes sociales.

En este sentido, en cada una de las ligas de Internet, consistentes en texto e imágenes, se advierten manifestaciones coincidentes sobre la materialización de hechos violentos y disturbios, tanto antes como durante la jornada electoral, a lo largo del territorio del estado de Sinaloa. De tales ligas se puede inferir que no se trataron de hechos aislados o que solo hayan ocurrido en una parte del territorio del estado, sino que sucedieron antes de la jornada electoral, tal como las privaciones de libertad de Alberto Salas, funcionario del PRI encargado de la organización electoral, y también del hermano de la candidata a la Alcaldía de Badiraguato, el secuestro de la líder de empresarias de Sinaloa, por señalar los más impactantes. Igualmente, el material probatorio aportado permite advertir que durante la jornada electoral los hechos de violencia ocurrieron en todo el territorio, pues hubo amenazas a funcionarios de casilla, robos de urnas, disparos de armas de fuego en las inmediaciones de las casillas para intimidad a los electores, intimidación con armas de fuego a los funcionarios de casilla y la presencia de grupos armados, por lo que se deberá valorar que los relatos y testimonios recogidos en redes sociales y portales de Internet son coincidentes en señalar el contexto de violencia que se vivió en las elecciones de Sinaloa y que provocó un ambiente de intimidación hacia los electores[1].

Para robustecer lo anterior, se ofrece como prueba el informe que rindió el Vocal Ejecutivo del Consejo Distrital del INE en Sinaloa, Jorge Luis Ruelas, en sesión, en el minuto 9.38, mismo que puede ser localizado en el siguiente link: https://www.facebook.com/INESinaloa/videos/229017579027951 De lo anterior se podrán constatar los hechos de violencia registrados por el INE y que coinciden, en algunos casos, con los reportados por las redes sociales y direcciones de Internet aportados como prueba.

Igualmente, se ofrece como prueba el informe que deberá rendir la presidenta del Consejo General de Instituto Electoral del Estado de Sinaloa sobre el reporte de casillas quemadas, urnas robadas y en general de los hechos violentos que hayan registrado.

Ahora bien, con los elementos probatorios aportados se puede arribar a la conclusión de que la elección celebrada el pasado 6 de junio en Sinaloa, se llevó a cabo en un contexto de

---

1 Similar criterio asumió la Sala Superior en el SUP-REP- 1282/2018 y acumulados.

violencia generalizada que afectó tanto a la ciudadanía como a las autoridades electorales competentes, dado que los actos de violencia registrados antes y durante la jornada electoral afectaron el libre ejercicio de la voluntad del electorado para emitir un sufragio, pero también se afectó a los funcionarios de casillas al intimidarlos con armas de fuego, incendio de casillas y robar urnas, lo que impidió que ejercieran sus funciones.

En este sentido, con los actos de violencia registrados antes y durante la jornada electoral del pasado 6 de junio, se atentó en contra del marco normativo constitucional y legal, cuya tutela está directamente encaminada a la prohibición delos actos que generen presión o coacción a los electores y a garantizar el voto libre y secreto.

La Sala Superior del TEPJF ha definido la violencia como el vicio del consentimiento que consiste en la coacción física o moral que una persona ejerce sobre otra, con el objeto de que esta dé su consentimiento para celebrar un determinado acto que por su libre voluntad no hubiese llevado a cabo; consiste en situaciones de hecho que pudieran afectar en su integridad a quien acude a votar o integre la mesa directiva de casilla; mientras que por «presión» se ha entendido la afectación interna de quien acude a votar o integra la mesa directiva de casilla, de tal manera que puede modificar su voluntad ante el temor de sufrir un daño, y tal conducta se refleja en el resultado de la votación.

Lo anterior, como se desprende de las jurisprudencias de la Sala Superior del TEPJF 53/2002 de rubro

> **VIOLENCIA FÍSICA O PRESIÓN SOBRE LOS FUNCIONARIOS DE LA MESA DIRECTIVA O DE LOS ELECTORES, COMO CAUSAL DE NULIDAD DE VOTACIÓN RECIBIDA EN CASILLA (LEGISLACIÓN DEL ESTADO DE JALISCO Y SIMILARES). Así como 24/2000 de rubro VIOLENCIA FÍSICA O PRESIÓN SOBRE LOS MIEMBROS DE LA MESA DIRECTIVA DE CASILLA O LOS ELECTORES COMO CAUSAL DE NULIDAD. CONCEPTO. (LEGISLACIÓN DE GUERRERO Y LAS QUE CONTENGAN DISPOSICIONES SIMILARES).**

Los actos de presión a las y los electores en las casillas que se impugnan, tal y como se encuentra acreditado en autos, estuvo constituido por un fenómeno generalizado de violencia política en la entidad derivado de diversos actos de violencia que se ejercieron contra militantes y candidatos en lo general antes de la jornada electoral y durante la misma, lo cual se tradujo en un comportamiento intimidatorio inmediato en contra del electorado.

Se afirma lo anterior porque los electores fueron los receptores del impacto del clima de violencia política generalizada que se dio pues los secuestros a militantes y candidatos, los asesinatos a familiares de diversos candidatos tuvieron como finalidad emitir un mensaje de intimidación hacia la población en general para influir en el sentido del voto de los electores.

Lo atípico del caso consiste en que hubo una participación del 51.9% del electorado en las urnas, sin embargo, los hechos de violencia política fueron generalizados, la intimidación a la población fue tal que se creó un temor en la población de que se podría ser receptor de actos de violencia si no se acudía a las urnas y se optaba por la opción política que finalmente resultó ganadora.

Así, se ejerció una presión mediática hacia los electores derivado de los hechos violentos hacia actores políticos, sus familiares o simpatizantes, de tal manera que el impacto de la violencia no fue solo sobre quienes se ejerció, sino que la misma se reflejó en el electorado, que se vio obligado a no poder ejercer libremente un derecho humano, el de sufragio activo, universal, libre, secreto y directo.

En consecuencia, el artículo 167, párrafo I, fracciones IX y XII, en relación con el artículo 172 de la Ley de Medios de Impugnación de Sinaloa establece como causa de anulación de una elección celebrada en ese estado, la relativa a la existencia de violaciones generalizadas, sustanciales y graves en la jornada electoral.

En el caso concreto, se actualiza la hipótesis normativa contenida en el artículo 172 antes citado, pues derivado del contexto de violencia generalizada ocasionado por los *levantados*, secuestros y asesinatos ocurridos antes de la jornada electoral, así como la intimidación a funcionarios de casilla con armas de fuego, robo de urnas, intimidación al electorado con disparos al aire, entre otros, ocurridos durante la jornada electoral, que enmarcó las elecciones en el estado de Sinaloa, se materializaron de manera generalizada violaciones sustanciales y graves que impidieron que los ciudadanos ejercieran de manera libre su derecho al voto, lo que ha sido demostrado con los elementos de convicción aportados en el presente escrito, de los que se desprende que la violación de derechos alcanza a todo el territorio del estado y a todas las casillas instaladas en la entidad.

Ahora bien, tal como se advierte de las notas periodísticas, queda plenamente acreditado que existió violencia el día de la jornada electoral, afectando la elección recibida en la mayor parte de las casillas instaladas.

Es importante resaltar que los trabajos de recuento llevados a cabo por los órganos electorales en modo alguno subsanan la violencia que se generó en las casillas, puesto que eso afectó directamente la participación ciudadana y generó coacción en los electores y los funcionarios de mesa directiva de casilla. Por ende, la votación recibida en las casillas está afectada de nulidad y el recuento, al subsanar únicamente errores de índole aritmético, en forma alguna refleja el sentido del voto de los ciudadanos, esto es, si se hubiera realizado en forma libre y secreta.

Al verse afectadas las características que revisten el voto, se violenta el principio de certeza porque no se puede saber a ciencia cierta si los electores emitieron su sufragio libremente y sin presión o, en su defecto, si lo hicieron bajo el temor de sufrir algún daño y por tal motivo cambiar su sentido del voto, así como tampoco se tiene ciencia cierta de que no se hayan violado los materiales electorales, afectando el resultado de la votación recibida en cada casilla; como por ejemplo, sustracción de boletas, añadir boletas de más a las urnas, anular votos que estuvieran ya en la urna, etcétera.

Por su parte, como se puede advertir de las notas, en algunas casillas se robó el material electoral, y en otros casos se sustrajeron sin ser recuperadas, pero, con independencia de que hayan recuperado, con haber hecho la sustracción se presume que la cadena de custodia de las urnas se rompió, poniendo en duda la votación recibida en esas casillas.

En este caso es aplicable la jurisprudencia 53/2002, así como la diversa 24/2000, ambas emitidas por la Sala Superior del Tribunal Electoral del Poder Judicial de la Federación, cuyos rubros y texto versan de la siguiente manera:

**Jurisprudencia 53/2002**

**VIOLENCIA FÍSICA O PRESIÓN SOBRE LOS FUNCIONARIOS DE LA MESA DIRECTIVA O DE LOS ELECTORES, COMO CAUSAL DE NULIDAD DE VOTACIÓN RECIBIDA EN CASILLA (LEGISLACIÓN DEL ESTADO DE JALISCO Y SIMILARES).-** La nulidad de la votación recibida en casilla, por la causa contemplada por la fracción II, del artículo 355, de la Ley Electoral del Estado de Jalisco, procede en aquellos casos en que se ejerza violencia física o presión de alguna autoridad o particular, sobre los funcionarios de la mesa directiva de la casilla o de los electores, de tal manera que afecten la libertad o el secreto del voto y estos actos tengan relevancia en los resultados de la votación de la casilla. La naturaleza jurídica de esta causa de anulación requiere que se demuestren, además de los actos relativos, las circunstancias del lugar, tiempo y modo en que se llevaron a cabo, porque sólo de esta manera puede establecerse, con la certeza jurídica necesaria, la comisión de los hechos generadores de esa causal de nulidad y si los mismos fueron relevantes en el resultado de la votación recibida en la casilla de que se trate.

**Jurisprudencia 24/2000**

**VIOLENCIA FÍSICA O PRESIÓN SOBRE LOS MIEMBROS DE LA MESA DIRECTIVA DE CASILLA O LOS ELECTORES COMO CAUSAL DE NULIDAD. CONCEPTO DE (LEGISLACIÓN DE GUERRERO Y LAS QUE CONTENGAN DISPOSICIONES SIMILARES).-** El artículo 79, fracción IX, de la Ley del Sistema de Medios de Impugnación en Materia Electoral del Estado de Guerrero, establece que la votación recibida en una casilla será nula cuando se acredite que se ejerció violencia física o presión contra los miembros de la mesa directiva de casilla o de los electores, siempre que esos hechos sean determinantes para el resultado de la votación, debiéndose entender por violencia física, la materialización de aquellos actos que afectan la integridad física de las personas y por presión, el ejercicio de apremio o coacción moral sobre los votantes, de tal manera que se afecte la libertad o el secreto del voto, siendo la finalidad en ambos casos, provocar determinada conducta que se refleje en el resultado de la votación de manera decisiva.

*Tercera Época:*

De lo anterior, en relación con la evidencia aportada en este escrito, así como en el hecho público y notorio de la violencia generalizada que se vivió en Sinaloa, se tiene que se afectó la libertad de los electores de sufragar libremente, lo que evidentemente afecta el resultado de la votación pues bajo las amenazas de los delincuentes que se presentaron en las casillas, los ciudadanos no estuvieron en condiciones de ejercer su derecho de votar sin presión alguna.

En consecuencia, se actualiza lo dispuesto en la tesis XVI/97 relativa a la presión sobre el electorado, cuyo rubro y texto versan de la siguiente manera:

**Tesis XVI/97**

**PRESIÓN SOBRE EL ELECTORADO. LA INTERRUPCIÓN DE LA RECEPCIÓN DE LA VOTACIÓN SIN CAUSA JUSTIFICADA PODRÍA EQUIVALER (LEGISLACIÓN DE QUERÉTARO).-** El hecho de que se haya «parado» o interrumpido la recepción de la votación en una casilla sin causa justificada, constituye una irregularidad, toda vez que, de conformidad con los artículos 123, 124 y 133 de la Ley Electoral del Estado de Querétaro, la duración de la jornada electoral es de las 8:00 a las 18:00 hrs., cuyo objetivo primordial es la recepción del sufragio, por lo que en ningún momento puede suspenderse o ampliarse la recepción de la votación en la casilla respectiva durante ese horario, salvo los casos justificados previstos legalmente (por ejemplo, los supuestos previstos en los artículos 130, fracción IV, y 133 del mismo ordenamiento), porque en caso contrario de que se presentara podría llegar a actualizar la causa de nulidad prevista en el artículo 244, fracción VII, de la Ley electoral aplicable, que alude a «Ejercer violencia física o presión sobre los miembros de la mesa directiva de casilla o sobre los electores, si ello es determinante para el resultado de la votación», toda vez que por «presión sobre los electores», atendiendo a la normatividad vigente en el estado de Querétaro, cabe entender no solo aquellos actos por los cuales se pretende influir para que el electorado emita su voto en determinado sentido, sino también a aquellos que tengan por efecto, sin causa justificada, limitar o inhibir al electorado en su derecho a decidir libremente el momento de emitir su voto dentro del horario legalmente previsto. Conforme a lo que antecede, cuando se interrumpa la recepción de la votación sin causa justificada se podría tener por acreditado el primer extremo de la causal de mérito, quedando pendiente de analizar si la irregularidad señalada es determinante para el resultado de la votación.

*Tercera Época:*

La situación plasmada en la tesis anterior se adecua a lo que se vivió en Sinaloa el día de la jornada, puesto que con independencia de que hayan recuperado en algunos casos los materiales electorales de algunas casillas, esto no subsana la violación de haber parado la recepción de la votación y que, además, aquellos ciudadanos que alcanzaron a votar lo hicieron con presión, violentando uno de los principios que revisten el voto y es el de hacerlo libremente.

Por esta razón y toda vez que este acontecimiento fue noticia a nivel nacional, es que se solicita la nulidad de la elección de Gobernador de Sinaloa, puesto que la votación recibida en la mayor parte de las casillas está afectada de nulidad, pues como se expuso y demostró, existió violencia generalizada, así como coacción tanto a los funcionarios de las mesas directivas de casilla como a los electores que acudieron a sufragar ese día.

En este orden de ideas, la jornada electoral del pasado domingo 6 de junio, estuvo marcada por la violencia política generalizada; situación que debe ser analizada por el Tribunal; desde una óptica se presentaron irregularidades graves, plenamente acreditadas y no reparables durante la jornada electoral, que en forma evidente ponen en duda la certeza de la votación y son determinantes para el resultado de la votación, toda vez que la existencia de actos de violencia política en el Distrito provocó que la ciudadanía fuera coaccionada o intimidada para emitir su sufragio, y se vulneró el voto libre y secreto, así como los principios de certeza, equidad y legalidad, que deben respetarse en los comicios, y lo dispuesto en los artículos 35, 36, 41 y 116 de la Constitución Política de los Estados Unidos Mexicanos.

En este orden de ideas, se actualiza la causa de nulidad contenida en el artículo 172 de la Ley de Medios Local. Del precepto normativo referido, se puede aducir que se trata de una causal de **nulidad genérica**, que no establece una conducta o situación en particular, sino que refiere sobre irregularidades en general, es decir, cualquier otra irregularidad que se pueda presentar y no encuadre en ningún supuesto de las causales de nulidad específicas, como lo ha establecido la Sala Superior del TEPJF, según consta en la tesis de jurisprudencia 40/2002, cuyo rubro es: **NULIDAD DE VOTACIÓN RECIBIDA EN CASILLA. DIFERENCIA ENTRE LAS CAUSALES ESPECÍFICAS Y LA GENÉRICA.**

En el presente caso, es claro que durante la jornada electoral se llevaron a cabo una serie hechos violentos, que vulneraron los principios constitucionales que deberegir las contiendas electorales para que su resultado sea válido consistente en el principio de legalidad, certeza y equidad en la contienda, y se vio vulnerada la libertad del sufragio.

Los hechos de violencia política generalizada del que dio puntual cuenta la prensa, se desprende que lo acontecido guarda el carácter grave, general y resulta determinante para el resultado de la elección. Y toda vez que esta causal de nulidad lo que busca es proteger los aspectos cualitativos del voto (universal, libre, secreto y directo) y los principios rectores de la función estatal de organizar las elecciones (legalidad, certeza, imparcialidad, independencia y objetividad), además de máxima publicidad.

En ese tenor, la Sala Superior ha emitido la tesis de jurisprudencia 39/2002 y en la tesis XXXII/2004, cuyos rubros son: **NULIDAD DE ELECCIÓN O DE LA VOTACIÓN RECIBIDA EN UNA CASILLA. CRITERIOS PARA ESTABLECER CUÁNDO UNA IRREGULARIDAD ES DETERMINANTE PARA SU RESULTADO y NULIDAD DE LA VOTACIÓN RECIBIDA EN CASILLA. ELEMENTOS PARA LA ACTUALIZACIÓN DE LA CAUSA GENÉRICA (LEGISLACIÓN DEL ESTADO DE MÉXICO Y SIMILARES).**

Los hechos de violencia política generalizada se actualizan como irregularidades graves porque son contrarios a la ley, producen consecuencias jurídicas o repercusiones en el resultado de la votación y generan incertidumbre respecto de su realización; tal y como lo estableció la **Sala Superior del TEPJF** en la sentencia del asunto **SUP-JIN158/2012,** en donde consideró como irregularidad grave, todo acto u omisión calificados como ilícitos, que vulneren los principios, valores o bienes jurídicos relevantes o fundamentales previstos y protegidos en la Constitución Federal, la Ley General Electoral. En ese tenor, para determinar la gravedad se deben tomar en cuenta, primordialmente, los efectos en el resultado de la votación, es decir que se afecten los principios que rigen la materia electoral.

En el caso concreto los hechos de violencia política generalizada que se vivió antes y durante la jornada electoral se encuentran acreditados con los reportes de los links de redes sociales y portales de Internet, así como con el reporte que arroje el Sistema de Incidentes de la Jornada Electoral (SIJE) del INE y el correspondiente del Instituto Electoral del Estado de Sinaloa, en el cual se consignaron los diversos acontecimientos violentos que se produjeron durante la jornada electoral en los diversos distritos de la entidad.

## *II. Causal de nulidad de la elección por violación al principio de equidad.*

De conformidad con los artículos 35 fracción I de la Constitución Federal y 7 párrafo 1 de la LGIPE, votar en las elecciones constituye un derecho y una obligación de los ciudadanos que se ejerce para integrar los órganos del Estado de elección popular, prerrogativa que ha de estar revestida de condiciones de libertad en su expresión, de ahí que, si se afecta ese principio constitucional, en modo alguno se estaría en presencia de elecciones libres y auténticas.

En este sentido, garantizar la celebración de elecciones libres supone, entre otros aspectos, tutelar la equidad de la contienda, lo que se traduce en una de las funciones de la autoridad electoral en un sistema democrático.

La equidad es un principio rector del sistema democrático y condición fundamental para asegurar que la competencia entre quienes participan en las elecciones lo hagan en condiciones de justicia e igualdad, sin alguna ventaja o influencia indebida respecto de los demás, lo que tendrá como consecuencia elecciones libres y auténticas.

La Sala Superior del Tribunal Electoral de Poder Judicial de la Federación, en los expedientes identificados con las claves SUP-JRC-327/2016 y su acumulado SUP- JRC-328/2016, indicó, entre otras cuestiones, que los valores y principios rectores en materia electoral, reconocidos en los artículos 39, 40, 41, 99, 116 y 134, de la Constitución Federal, entre ellos, la autenticidad de las elecciones, la libertad del sufragio y la equidad en la contienda electoral, son de observancia obligatoria y constituyen elementos indispensables para considerar que en un proceso electoral se cumplieron las condiciones para estimar válida cualquier elección.

Por otra parte, la misma Sala Superior, en el expediente identificado con la clave SUP-JRC-158/2017, señaló que la equidad en la contienda constituye un principio rector en la materia electoral. Asimismo, en el expediente con clave SUP-JRC- 66/2017, afirmó que el principio de equidad en la contienda electoral se encuentra establecido en el artículo 41 constitucional, conforme al cual, se deben garantizar a los partidos políticos condiciones equitativas en las elecciones, evitando cualquier influencia externa que pueda alterar la competencia.

> La equidad se refiere, entonces, a las condiciones de igualdad para la participación en las contiendas electorales, tanto desde la perspectiva formal –es decir, derechos y obligaciones plasmados en la ley, tanto para las autoridades como para los partidos políticos, candidatos, votantes y, en general, la población de una sociedad dada–, como en la actividad de los juzgadores y autoridades electorales para garantizar oportunidades iguales, removiendo obstáculos que generen condiciones injustas para la participación de algún grupo o sector. La equidad electoral se traduce en una competencia política justa, que nivela las condiciones de participación para los contendientes y elimina las ventajas injustas que alguno pudiera tener.

En las contiendas electorales, dicho principio tiene por objeto la tutela del derecho de los participantes a contar con idéntica oportunidad de obtener el voto ciudadano, de manera que dicho principio impone la obligación a las autoridades de generar las condiciones para que todos los contendientes, sin importar si se encuentran afiliados a algún partido o no, cuenten con la posibilidad real de presentarse ante los electores, de divulgar su plataforma electoral, sus propuestas de gobierno, de participar por conducto de sus representantes en los órganos electorales y de promover ante las autoridades judiciales todos los recursos que estimen pertinentes por considerar que se ha afectado negativamente el proceso electoral en que están contendiendo.

Además, resulta importante destacar que la violación del principio de equidad en la contienda en el caso de la elección de GOBERNADOR del Estado de Sinaloa, es realmente trascendente y relevante debido a su gravedad y sistematicidad a través de una serie de hechos violentos en contra de candidatos, familiares de candidatos, militantes, dirigentes partidistas ocurridos antes de la jornada electoral y que contribuyeron a crear un clima de inseguridad y temor en la población, así como los hechos de violencia suscitados durante la jornada electoral como lo fueron los disparos de arma de fuego para intimidar a los electores, el robo de urnas y quema de casillas. Eventos que incidieron en la libre voluntad de los electores, afectando el resultado de la elección, de ahí la determinación de la violación al citado principio. Por ello, deberá declararse la nulidad de dicha elección y, por tanto, convocarse a una elección extraordinaria.

### *III. Causal de nulidad de la elección por violación al principio de certeza.*

Los hechos de violencia se cometieron de manera generalizada y reiterada antes y durante el transcurso de la jornada electoral, desde la instalación de la casilla y hasta su clausura. Según reportes del INE fueron 71 casillas en las que se dieron hechos de violencia, sin embargo, en redes sociales y portales de Internet de noticias se dieron cuenta de varios incidentes que ocurrieron con la única finalidad de crear un clima de inseguridad y temor en la ciudadanía, como los disparos al aire, el balear las casas de campaña de candidatos, amenazar a funcionarios de casilla con armas de fuego, mismos que no fueron o no pudieron ser evitados por quienes intervinieron como autoridades electorales y funcionarios de casilla, por lo que trascendieron al resultado de la votación de la elección, afectando los principios de certeza y legalidad lo cual tuvo una repercusión relevante el día de la elección.

Asimismo, en el presente caso, los hechos de violencia política generalizada tuvieron como finalidad influir en el ánimo del electorado, y el resultado concreto fue alterar su voluntad. Además, dicha violencia política se ejerció de manera generalizada como se ha constatado en los reportes periodísticos que se anexan, lo cual influyó sobre los votantes durante la mayor parte de la jornada electoral, lo que provocó que las personas votaran con su voluntad viciada, en favor de los partidos de la coalición que ganaron la elección, pues si no hubieran existido tales supuestos, el primer lugar habría sido obtenido por otro partido o candidatura.

Los hechos de violencia política generalizada acontecidos antes y durante la jornada electoral se traducen en duda razonable de la certeza del resultado de la elección. Dado que la finalidad del sistema de nulidades en materia electoral consiste en eliminar las circunstancias que afecten el ejercicio personal, libre y secreto del voto, así como su resultado; en el presente caso, los acontecimientos de violencia política ponen de manera manifiesta, patente y notoria, el temor con el que el electorado acudió a las urnas, viciando su voluntad y, por ende, el resultado de la elección.

Cabe señalar que en el presente caso se está ante una circunstancia atípica, pues los resultados de la elección vistos numéricamente podrían dar el mensaje que se estuvo ante una jornada electoral ejemplar, dada la alta participación de la ciudadanía y el margen amplio entre los resultados de la fórmula vencedora y el segundo lugar, sin embargo, como se ha venido señalando, el electorado acudió a las urnas con temor por los hechos de violencia política generalizada que influyeron en la libertad de sufragio; además, el robo de las urnas y quema de casillas, en diferentes partes del territorio del estado incide en que no exista certeza en los resultados finales.

Las circunstancias atípicas de la elección deben ser consideradas por ese órgano resolutor al analizar el presente asunto, pues es evidente que no se pueden circunscribir a un análisis numérico del resultado de la votación, sino realizar un estudio de todos los hechos violentos acecidos antes y durante la jornada electoral, en contra de los diversos actores políticos, militantes y familiares de los mismos que tuvieron un efecto reflejo de temor e intimidación hacia la ciudadanía; con independencia de que los hechos de violencia política se presentaron antes o durante la jornada electoral —pero pertenecen a esta etapa— y repercuten directamente en el resultado de la votación, como lo señala la tesis relevante XXXII/2004 de la Sala Superior del TEPJF antes señalada. En consecuencia, los actos de violencia política generalizada vulneraron los principios constitucionales de certeza, legalidad, independencia, imparcialidad y objetividad, que deben estar garantizados en los comicios.

Si bien es imposible determinar la cantidad de personas que decidieron su voto con su libertad vulnerada ante el clima de violencia e intimidación que se presentó antes y durante la jornada electoral, lo cierto es que atendiendo a las reglas de la lógica, la sana crítica y la experiencia es plausible considerar que se da la determinancia cualitativa, en atención a la trascendencia constitucional de la violación, ya que el objeto primordial de los hechos violentos y disturbios fue viciar la voluntad de los electores, de ahí que exista una base fáctica suficiente para tener por probada la vulneración a la Constitución y, por ende, la violación a los principios electorales de libertad de sufragio y equidad en la contienda en un grado tal que impide tener certeza sobre que la ejecución de esos hechos violentos, siendo sistemáticas y grave, no pudo llegar a un número de ciudadanos en los que se influyó inequitativamente en la orientación de su voto.

> Debe decirse que los hechos violentos y disturbios acaecidos antes de la jornada y durante la misma, analizados de manera aislada podrían no ser suficientes para anular la elección de Gobernador del Estado de Sinaloa, sin embargo, analizados en el contexto general de violencia y en el clima de inseguridad que se generó, adquieren aún mayor trascendencia y relevancia, pues con las violaciones que enmarcan, se trasgredieron los principios constitucionales en torno a las elecciones, como lo son la libertad de sufragio y la equidad en la contienda; con ello queda clara la grave afectación que sufrió el proceso electoral, pues no se dejó elegir libremente a la ciudadanía.

Por ello, podemos con toda claridad afirmar que el proceso comicial se desarrolló contraviniendo los principios rectores del

Estado democrático, de manera específica la libertad de sufragio y la equidad, toda vez que estas violaciones se han acreditado y satisfacen los elementos objetivos antes señalados, motivo por el cual este tribunal deberá decretar la nulidad de la elección.

Es de vital importancia manifestar que durante la sesión permanente de jornada electoral del Consejo General del Instituto Electoral del Estado de Sinaloa, nuestro Representante Propietario y el Representante Propietario del Partido Acción Nacional ante dicho órgano electoral, solicitaron a la presidencia del mismo se pronunciara al respecto, solicitando a las autoridades correspondientes a fin de que intensificaran las medidas de seguridad necesarias, para que la ciudadanía pudiera sin temor acudir a emitir su voto. Tal hecho fue comentado al seno de la sesión, sin embargo, no fue sometida al pleno para su aprobación y procedencia.

Por lo que en este orden de ideas resulta imperativo, que ese órgano resolutor finque responsabilidades, en el ámbito de su competencia, por la presunta omisión y/o negligencia que se le pueda atribuir a los funcionarios del Instituto Electoral del Estado de Sinaloa, al no actuar de conformidad con las circunstancias, y poder garantizar la seguridad de la ciudadanía al emitir su voto, sin menoscabo de las responsabilidades en las que pudieran haber incurrido las autoridades encargadas de brindar las condiciones de seguridad y tranquilidad en que debe desarrollarse un proceso electoral constitucional, ciudadano y democrático.

Finalmente, y en aras de garantizar los principios de certeza y de transparencia, solicitamos a ese órgano resolutor agotar las instancias necesarias a fin de que en caso de las publicaciones de los enlaces que se incorporan a esta denuncia sean retirados de la red, solicitar a la representación oficial de la empresa responsable, acredite que tal publicación o publicaciones existieron en los términos en que se ha manifestado.

Por las consideraciones de derecho manifestados en el presente Recurso de Inconformidad, le solicitamos a este H. Tribunal decretar la nulidad de la elección.

### *IV. Capítulo general de pruebas*

1. **INSPECCIÓN JUDICIAL.** Consistente en el desahogo de reconocimientos o inspecciones judiciales, que realice esta autoridad electoral del contenido de las ligas electrónicas que ofrecemos y aportamos como pruebas consistentes en las **92 ligas electrónicas** contenidos en el cuadro de notas periodísticas que se describen en el apartado correspondiente, esta prueba la relaciono con todos los puntos de antecedentes y agravios del presente escrito;
2. **DOCUMENTAL PRIVADA-.** Consistente esta en 92 notas impresas denominado como **anexo 1**, en donde se da cuenta de los diversos eventos investidos de violencia previos y durante la jornada electoral, esta prueba la relaciono con todos los puntos de antecedentes y agravios del presente escrito;
3. **TÉCNICA-.** Consistente esta en un dispositivo USB con 92 enlaces digitales que contienen las direcciones de Internet en donde se publicaron las notas a que se refiere el anexo 1, ello con el propósito de facilitar a ese órgano la inspección ocular de los diversos eventos investidos de violencia previos y durante la jornada electoral, esta prueba la relaciono con todos los puntos de antecedentes y agravios del presente escrito;
4. **DOCUMENTAL PÚBLICA DE INFORME-.** Consistente esta en el Acta de Sesión de la jornada de la elección de Gobernador de fecha 6 de junio de 2021, misma que fue solicitada al órgano electoral responsable, cuya solicitud se acompaña con el correspondiente acuse de recibido, esta prueba la relaciono con todos los puntos de antecedentes y agravios del presente escrito;
5. **DOCUMENTAL PÚBLICA-.** Consistente esta en el reporte de incidentes registrados durante la jornada electoral en el Sistema de Incidentes de la Jornada Electoral, expedido por el Secretario Ejecutivo del Instituto Electoral de Sinaloa, esta prueba la relaciono con todos los puntos de antecedentes y agravios del presente escrito;

6. **DOCUMENTAL PÚBLICA.**- Consistente esta en copia simple del Acta de Cómputo estatal de la elección de Gobernador de fecha 13 de junio de 2021, esta prueba la relaciono con todos los puntos de antecedentes y agravios del presente escrito;
7. **DOCUMENTAL PÚBLICA DE INFORME-.** Misma que deberá solicitar ese Tribunal Electoral a la Secretaría Ejecutiva del Instituto Electoral de Sinaloa, consistente esta en la versión estenográfica de la sesión del Consejo General del 6 de junio de 2021, en la que consta la petición hecha por los representantes de los Partidos Políticos Revolucionario Institucional y Acción Nacional, esta prueba la relaciono con todos los puntos de antecedentes y agravios del presente escrito;
8. **DOCUMENTAL DE INFORME QUE DEBERÁ RENDIR LA PRESIDENTA DEL CONSEJO GENERAL DEL INSTITUTO ELECTORAL DEL ESTADO DE SINALOA,** misma que deberá solicitar ese Tribunal Electoral, respecto de los incidentes registrados durante la jornada electoral del pasado 6 de junio en la elección de Gobernador del Estado, esta prueba la relaciono con todos los puntos de antecedentes y agravios del presente escrito; y
9. **DOCUMENTAL DE INFORME QUE DEBERÁ RENDIR LA FISCALÍA GENERAL DEL ESTADO DE SINALOA,** misma que deberá solicitar ese Tribunal Electoral, respecto de los incidentes registrados durante la jornada electoral del pasado 6 de junio en la elección de Gobernador del Estado, esta prueba la relaciono con todos los puntos de antecedentes y agravios del presente escrito.

Por lo antes expuesto y fundado, atentamente solicito:

**PRIMERO.** Admitir el presente recurso de inconformidad al estar presentadoen tiempo y forma, y tener por acreditada la personalidad con la que acudo;

**SEGUNDO.** Admitir y desahogar las pruebas señaladas en el cuerpo del presente escrito;

**TERCERO.** Declarar fundados los agravios y, en consecuencia, declarar la nulidad de la elección de Gobernador, por las causales que se invocan; y

**CUARTO.** Se pronuncie ese H. Tribunal, respecto si del análisis de la presente demanda, se acredita que las autoridades, tanto la administrativa electoral, como las garantes de brindar seguridad pública, fueron omisas o negligentes al no realizar el esfuerzo exhaustivo, al que están obligados, que garantizara a la ciudadanía un ambiente de tranquilidad y seguridad al momento de emitir su voto, requerimiento fundamental para que una elección democrática pueda ser considerada legítima.

*Culiacán, Sinaloa a 17 de junio de 2021.*
*ATENTAMENTE.*
*"Democracia y Justicia Social"*

---

Lic. Humberto Ruaro Pérez
*Representante Suplente del Partido Revolucionario Institucional ante el Consejo General del Instituto Electoral del Estado de Sinaloa*

# *Bibliografía*


Anduiza, Eva y Agustí Boch. *Comportamiento político y electoral.* Madrid: Ariel Ciencia Política, 2004.

Almond, Gabriel A. *Una disciplina segmentada. Escuelas y corrientes en las ciencias políticas.* México: FCE, 1999.

Dahl, Robert A. *La poliarquía: participación y oposición.* Madrid: Tecnos, 2009.

Mauleón, Héctor de. «6 de junio de 2021: La elección del narco», en *Nexos.* 1 de septiembre de 2022. https://www.nexos.com.mx/?p=69414

Duverger, Maurice. *Los partidos políticos.* México: FCE, 1972.

Easton, David. *Esquema para el análisis político.* Buenos Aires: Amorrortu, 1992.

Félix, Cristina. «Más del 80 % de los feminicidios están impunes». *El Debate.* 2 de noviembre de 2020. https://www.debate.com.mx/culiacan/Mas-del-80-de-feminicidios-en-Sinaloa-estan-impunes-activistas-20201102-0297.html

Hernández Norzagaray, Ernesto. *Sistema Electoral y Sistema de Partidos en Sinaloa.* México: CEE, 1992.

Hernández Norzagaray, Ernesto. «Crimen y Castigo». En *Politeia,* Revista de Pensamiento Político, no. 77, julio de 2021.

Hernández Norzagaray, Ernesto. *La tragedia del COVID-19 en Sinaloa.* México: Ediciones del Lirio / UPES, 2021.

Hernández Norzagaray, Ernesto. *Las elecciones concurrentes de Sinaloa: La antesala de 2021.* Culiacán: Periódico Noroeste, 2021.

Hernández Norzagaray, E. e Ibarra Escobar, G. (2021) (coords). La política que Sinaloa necesita: sistema electoral, sistema de partidos y buen gobierno en *Los grandes problemas de Sinaloa,* Tirant lo Blanch-UPES-Gobierno de Sinaloa.

Índice de Desarrollo Democrático 2020 Fundación Konrad Adenauer en México, Polilat; Confederación USEM, El Colegio de México y el Centro de Estudios Políticos y Sociales con el apoyo del Instituto Nacional Electoral https://idd-mex.org/que-es-el-idd-mex/

Índice de Desarrollo Democrático 2021 Fundación Konrad Adenauer en México, Polilat; Confederación USEM, El Colegio de México y el Centro de Estudios Políticos y Sociales con el apoyo del Instituto Nacional Electoral https://idd-mex.org/que-es-el-idd-mex/

Tercer Informe de Violencia Política en México 2021. Etellekt Consultores. 1 de abril de 2021. Consultado el 12 de mayo de 2021 en https://www.etellekt.com/informe-de-violencia-politica-en-mexico-2021-M31-etellekt.html

Lijphart, A. *Sistemas electorales y sistemas de partidos.* Madrid: Centro de Estudios Constitucionales, 1995.

Loaeza, Soledad. «La experiencia mexicana de la liberalización», en *Foro Internacional* 36, no. 2, 221-251. México: El Colegio de México, abril-junio de 1994. https://www.academia.edu/29494672/La_experiencia_mexicana_de_liberalizaci%C3%B3n

Monroy, Jorge. «Proceso eletoral 2021, el segundo más violento de la historia: Etellekt», en *El Economista.* 6 de abril de 2021. https://www.eleconomista.com.mx/politica/Proceso-electoral-2021-el-segundo-mas-violento-de-la-historia-Etellekt-20210406-0031.html

Morlino, Leonardo. *Calidad democrática entre líderes y partidos,* conferencia magistral. Florencia: Instituto Italiano de Ciencias Humanas, 2008. https://portalanterior.ine.mx/archivos3/portal/historico/recursos/IFE-v2/CDD/CDD-EventosForosAcademicos/EventosForos-2008/PPs-CalidadDemocracia/PPs-CalidadDemocracia-docs/Conferencia01-LeonardoMorlino.pdf

Morlino, Leonardo. *La calidad de las democracias en América latina: Informe para IDEA Internacional.* Costa Rica: IDEA Internacional, 2013. https://www.idea.int/sites/default/files/publications/la-calidad-de-las-democracias-en-america-latina.pdf

Nohlen, Dieter. *Sistemas electorales y partidos políticos.* México: Fondo de Cultura Económica, 1989.

O´Donnell, Guillermo, Philippe C. Schmitter y Laurence Whitehead (comps.). *Transiciones desde un gobierno autoritario.* (4 tomos), Traducción de Leandro Wolfson. Buenos Aires: Paidós, 1988.

Rae, Donald W. *The political consequences of electoral laws.* New Haven: Yale University Press, 1967.

Sartori, Giovanni. *Ingeniería constitucional comparada: Una investigación de estructuras, incentivos y resultados.* México: Fondo de Cultura Económica, 1994.

Sartori, G. (1976). *Partidos y Sistemas de Partidos: Marco para un análisis.* Traducción de Fernando Santos. 2da. ed. Madrid: Alianza Editorial, 2005.

## *Hemerografía*

Diario Noroeste

Semanario Ríodoce

- Portal Café Negro
- Revista Proceso
- Revista Espejo
- Revista Politeia

### *Instituciones electorales*

Portal web del Instituto Electoral del Estado de Sinaloa . https://www.ieesinaloa.mx/